AFROPEA

CB079369

LÉONORA MIANO

AFROPEA

utopia pós-ocidental e pós-racista

TRADUÇÃO
Andréia Manfrin

PALLAS

Afropea: utopie post-occidentale et post-raciste
© Editions Grasset & Fasquelle, 2020

Todos os direitos desta edição reservados
à Pallas Editora e Distribuidora Ltda.

EDITORAS
Cristina Fernandes Warth
Mariana Warth

COORDENAÇÃO EDITORIAL E CAPA
Daniel Viana

ASSISTENTE EDITORIAL E PREPARAÇÃO DE TEXTO
Joelma Santos

TRADUÇÃO
Andréia Manfrin

REVISÃO DE TRADUÇÃO
Silvana Cobucci

REVISÃO
Renata Panovich; Meira Santana

Este livro segue as novas regras do Acordo Ortográfico da Língua Portuguesa.

DADOS INTERNACIONAIS DE CATALOGAÇÃO NA PUBLICAÇÃO (CIP)
(CÂMARA BRASILEIRA DO LIVRO, SP, BRASIL)

Miano, Léonora
Afropea : utopia pós-ocidental e pós-racista / Léonora Miano ; tradução Andréia Manfrin. -- 1. ed. -- Rio de Janeiro : Pallas Editora, 2025.

Título original: Afropea: utopie post-occidentale et post-raciste.
ISBN 978-65-5602-179-9

1. África - Emigração e imigração 2. África subsaariana - Historiografia 3. França - História 4. Emigração e imigração - Aspectos sociais 5. Identidade I. Título.

25-286615 CDD-960

Índices para catálogo sistemático:
1. África : História 960
Aline Graziele Benitez - Bibliotecária - CRB-1/3129

AMBASSADE DE FRANCE AU BRÉSIL
Liberté
Égalité
Fraternité

Cet ouvrage, publié dans le cadre du Programme d'Aide à la Publication année 2025 Carlos Drummond de Andrade de l'Ambassade de France au Brésil, bénéficie du soutien du Ministère de l'Europe et des Affaires étrangères.

Este livro, publicado no âmbito do Programa de Apoio à Publicação ano 2025 Carlos Drummond de Andrade da Embaixada da França no Brasil, contou com o apoio do Ministério francês da Europa e das Relações Exteriores.

PALLAS

PALLAS EDITORA E DISTRIBUIDORA LTDA.
Rua Frederico de Albuquerque, 56 – Higienópolis
CEP 21050-840 – Rio de Janeiro – RJ
Tel.: 21 2270-0186
www.pallaseditora.com.br | pallas@pallaseditora.com.br

Eu gostaria de dizer que foi uma dada cultura, de um período específico de sua evolução, com sua visão de mundo e seus limites, com seus contos e mitos, que foi usada para dominar e espoliar os outros, ameaçando-os com um inferno imaginado à sua maneira. Portanto, é por meio de outras culturas que esse estrago pode e deve ser corrigido.
Werewere Liking

O Ocidente não está a Oeste, ele não é um lugar, é um projeto.
Édouard Glissant

É o seu país, não permita que te expulsem.
James Baldwin

SUMÁRIO

PREFÁCIO

Para começar, gostaria de dizer que não sou afropeia. Já permiti que me tratassem assim, mais por cansaço do que por preguiça. Não é possível praticar uma pedagogia constante ao conversar com interlocutores pouco desejosos de saber de fato do que estão tratando. Para a maioria das pessoas da França continental,[1] o prefixo "afro" só remete a outro lugar, fora da França, mais essencial do que original. Isso justificaria classificar como afropeu todo indivíduo de ascendência subsaariana estabelecido no país. Sobretudo se a escolha por esse espaço tiver sido feita há algum tempo. Mais ainda se a pessoa interessada parecer à vontade com os códigos sociais. Nesse caso, será dada a ela a escolha de se definir como uma pessoa europeia vinda desse além-mundo que é a África aos olhos de muitos. Um europeu *de origens*, como se diz muito facilmente na França para designar uma estraneidade de fato. Num país em que a expressão *oriundo da imigração* parece ter adquirido uma característica ontológica, esse desprezo não é nada surpreendente. O imaginário da França europeia resiste com força à sua renovação e tem dificuldade para assimilar as evidências mais gritantes.

Vamos definir: É chamada de afropeia a pessoa de ascendência subsaariana que nasceu ou cresceu na Europa. Foram indivíduos com esse perfil que promoveram essa etnicidade, a reivindicaram e tentaram incorporá-la. Os envolvidos são, sobretudo, depositários de uma vivência europeia. Foi na Europa que eles viveram seus anos de formação, da infância e da adolescência, cuja importância para a estruturação da personalidade é bastante conhecida. Os afropeus frequentemente são filhos, netos ou bisnetos de imigrantes subsaarianos. Ao contrário de seus ascendentes, eles só conhecem a vida como minoria, só sabem da existência dentro de um espaço que reluta em reconhecê-los como semelhantes.

---

1 N.E.: A autora usa o termo para se referir ao território francês em torno de sua capital, Paris. Nessa perspectiva, os territórios franceses ultramarinos (antes colônias) não são considerados, como Guiana Francesa (na América do Sul), Mayotte (na África) e Nova Caledônia (na Oceania).

Quanto a mim, tive a sorte de nascer e crescer na África Subsaariana, onde minhas aspirações nunca foram um obstáculo por causa da cor da minha pele. Nunca sofri nenhuma limitação em termos de representação, e gostei de viver na França justamente porque não estava *em casa*, no sentido convencional. Ser um estrangeiro não é necessariamente doloroso. A singularidade do meu perfil, seu caráter totalmente marginal, onde quer que eu esteja, sempre me enquadra nessa situação. Isso não me causa nenhum problema. Os diferentes universos que me constituem permitem que eu os compreenda sem que o inverso seja possível, e isso também me permite escolher a maior parte de meus pertencimentos. Meu único pertencimento visceral é também o que me é negado com mais frequência: eu não seria uma autêntica subsaariana. Isso é um equívoco, mas deixo estar. Sei que o que incomoda é a forma como um perfil como o meu coloca os subsaarianos de modo violento diante do passado colonial e, consequentemente, da perda de uma parte de si mesmos. Sou fruto de histórias inabituais. Ao contrário de mim, meus pais conheceram a França quando eram jovens e viveram lá durante um tempo com a família. Ainda hoje, minha mãe guarda uma lembrança deslumbrada de sua chegada a Paris, poucos dias antes do Natal, quando a praça da Concorde reluzia com seus milhares de pisca-piscas. Ela tinha dez anos. No bairro Cirque d'hiver, onde viveu com a família, perto do metrô Filles-du-Calvaire, as pessoas se penduravam na janela para observar minha avó levar as filhas à escola.

O distanciamento da sociedade francesa foi, portanto, relativo, pois nem a língua nem as referências culturais me eram desconhecidas. A estraneidade permitiu que eu me construísse com liberdade. Isso me conferiu um direito precioso ao erro, às experiências vividas no conforto de um anonimato que eu não tinha em Camarões. Enfrentar desafios me levou a me confrontar comigo mesma, a descobrir em mim capacidades inimagináveis. Ser uma imigrante nem sempre foi uma vantagem, mas isso me beneficiou bastante. E também contribuiu muito para me dar a visibilidade de que me beneficio como autora. No meio literário, meu *valor agregado*, como dizem na linguagem do marketing, reside na minha origem subsaariana. Ninguém dá a mínima para minha cidadania francesa. Ela só adquire algum valor quando estou no exterior, como convidada dos serviços culturais franceses, que fazem questão de mostrar que a França está aberta para o mundo. Isso passou a ser indispensável para tentar manter sua posição. Assim, a França está mais inclinada a acolher pessoas oriundas de suas antigas colônias do que a se aproximar de suas próprias fronteiras. Os escritores negros com mais notoriedade no país são subsaarianos ou haitianos, raramente afropeus.

Minha relação com a França é, portanto, bastante diferente da que une os afropeus a seu país. Eles são bastante sensíveis a temas que só me afetam moderadamente. Por exemplo, não vejo uma representação de figuras subsaarianas no grupo dos *negros de Dunquerque*, uma atração do Carnaval dessa cidade. Nessas personagens grotescamente fantasiadas, não vejo nada que se relacione comigo ou com os meus. Nada além de bizarrices afrancesadas que demonstram uma coisa: é preciso recorrer à caricatura para revelar e assumir a presença do outro dentro de si, para reconhecer sua intimidade com ele. Desse modo, nada pode ser dito do outro. Isso não lhe diz respeito. A feiura da fantasia fala de um distúrbio, de um tormento, o que desperta em mim uma profunda empatia por aqueles que se envolvem nessa prática. Se por acaso eles desfilassem num ambiente subsaariano, seriam acompanhados por zombarias incessantes. Ninguém pensaria em protestar contra a ofensa. Veríamos pessoas brancas fazendo coisas de pessoas brancas; fomos bem instruídos para saber que eles não batem bem da cabeça.

A reação dos afropeus diante desse fenômeno é bem diferente, e isso é compreensível. Eles vivem em um ambiente racializado, desigual tanto no que diz respeito à representação quanto em todos os outros aspectos da vida social. Há um cuidado escrupuloso para que a imagem transmitida dos afrodescendentes nunca seja capaz de incutir neles um sentimento de poder ou simplesmente de conforto por serem quem são. O ridículo e o degradante estão sempre presentes. Escondidos nas sombras, eles surgirão no momento oportuno.

Às vezes, coloca-se deliberadamente em evidência pessoas incompetentes ou sem brilho, como forma de silenciar as reclamações sobre políticas desiguais de representação. O fracasso dessas pessoas servirá de pretexto para rejeitar a inclusão. Quando for diferente, o fervor com o qual esses escolhidos pelo sistema se conformarão aos clichês lhes servirá para serem celebrados e receberem inúmeras promoções. Só assim ganharão o direito de ocupar o lugar do bobo da corte, sem que lhes seja permitido, no entanto, revelar a nudez do rei. Os termos desse acordo tácito são claros. Entre os que o ratificaram, alguns arriscarão protestar. Todavia, evitarão os temas polêmicos que dividem os franceses. Farão críticas veementes aos autocratas subsaarianos, o que não terá graves consequências.

A presença afro, ainda bastante disruptiva na sociedade francesa, deve sobretudo divertir, independentemente do método utilizado para atingir esse objetivo. Sem falar da prática racista de *blackface*, à qual remete a fantasia de Dunquerque, o fato de membros do grupo étnico dominante se arrogarem o direito de se fantasiar para se parecer com aqueles que, aliás, não se quer ver, é uma agressão. O inverso não teria o mesmo impacto e não passaria pela cabeça de ninguém. Confrontados com esses disfarces, subsaarianos e afropeus não reagem da mesma maneira, pois são produtos de uma realidade particular. A autoconsciência e o olhar sobre nós mesmos dependem muito do que recebemos da sociedade e de nossa própria comunidade. Na África Subsaariana, apesar das reviravoltas da história e dos danos psíquicos, somos, antes de tudo, uma pessoa. Na Europa, quando temos ascendência subsaariana, somos estrangeiros pertencentes a um grupo desprovido de poder, que pode ser alvo de todas as caricaturas e de todas as negações. E somos obrigados a habitar nossa individualidade apenas para, pela mesma imposição, sermos convidados a nos dessolidarizar de nossa comunidade. Se necessário, deveremos contribuir para seu rebaixamento.

Esse apagamento da presença afropeia leva alguns a verem um gesto de apropriação cultural no simples fato de pessoas provenientes do grupo majoritário usarem penteados ou roupas subsaarianas.

Na África, isso não incomodaria ninguém. As pessoas veriam como uma celebração de sua cultura, ficariam lisonjeadas. As tranças que Bo Derek usava no filme *Mulher nota 10*, dirigido por Blake Edwards em 1979, não chocaram as mulheres subsaarianas. Ficaram muito bem nela, nós usávamos exatamente as mesmas, era uma bela homenagem. Isso não tinha absolutamente nada a ver com despojar um artista de sua criação para ganhar dinheiro. Nada nos foi roubado, continuaríamos a nos pentear assim. Atualmente, a imagem de Bo Derek se tornou um símbolo de apropriação cultural, de pilhagem identitária, como se as culturas pudessem ser transmitidas pelos cabelos.

Questionando-me sobre a reação de outras populações se estrangeiros adotassem seus adornos ou estilos de vestuário, fiz essa pergunta durante viagens à Índia e ao Japão. Nos dois casos, a reação foi idêntica à dos subsaarianos estabelecidos no continente. A situação é diferente nas sociedades ocidentais, onde as minorias toleram cada vez menos isso por não serem vistas nem ouvidas. Porque o uso dessas mesmas roupas ou penteados lhes é criticado como um sinal de assimilação negativa. Porque os membros do grupo majoritário que adotam esses costumes só o fazem pontualmente, para fins de diversão, ou mesmo de zombaria. E, por serem ostracizados devido à sua origem subsaariana, os afropeus tendem a fazer de um *foulard* ou de um *pagne* o emblema de culturas que muitas vezes desconhecem.[2] A dor, a frustração e a impotência tomam conta dos atributos mais superficiais da cultura ancestral. É preciso defender um território que se sente ameaçado antes mesmo de ser constituído.

Por outro lado, os protestos afropeus se calaram quando a gravação do filme *Pantera Negra* misturou como bem entendeu os estilos subsaarianos para compor sua África cinematográfica. Num caso como esse, temos a impressão de que a ascendência subsaariana dá o direito de fazer qualquer coisa. É sabido que toda a África é

2 N.E.: Um *foulard* é um tipo de lenço usado em torno do pescoço ou sobre a cabeça; um *pagne* é uma roupa tradicional africana, com tecido de estampas e cores vibrantes, utilizado normalmente como saia ou vestido.

propriedade de todos os negros, e azar daqueles que, entre os povos do continente, possam ser tentados a ver as coisas de um modo um pouco diferente. A criação de solidariedades entre subsaarianos e afrodescendentes não acontecerá de forma orgânica. Ela não é algo natural. São muitos os subsaarianos que não têm nenhuma ligação com populações originárias de deportações transoceânicas. Eles não se sentem obrigados a incluí-las a priori em suas previsões. É importante lembrar disso, ainda que seja doloroso. Aliás, podemos nos perguntar que forma de respeito será possível esperar para nós mesmos quando nos comportamos da mesma maneira que o opressor, quando nos damos o direito de projetar nossos fantasmas sobre grupos humanos unicamente porque compartilhamos com eles a mesma aparência física.

O espaço subsaariano escolhido para criar Wakanda, o reino fictício em que se desenvolve a ação de *Pantera Negra*, é estranho à memória afrodescendente francesa, estadunidense,[3] brasileira... Tantos países onde as pessoas se divertiram cruzando os braços sobre o peito enquanto recitavam o que se tornou um mantra: *Wakanda Forever*. Como ser negro é, antes de tudo, uma condição política resultante da dominação ocidental, esse brado não poderia dizer respeito aos habitantes desse Wakanda cuja glória era nunca ter conhecido o jugo colonial. A história de *Pantera Negra* se passava, portanto, num reino incapaz de gerar um único herói negro. Não havia negros em Wakanda. Talvez nem mesmo africanos. Isso parece ter escapado aos comentaristas mais atentos. As pessoas enxergam o mundo de acordo com as concepções imperialistas e racistas que elas criticam dia e noite.

---

3 N.E.: No original, Miano usa termos como "étatsunien" e "étatsuniens" ["estadunidense" e "estadunidenses"] para se referir aos habitantes dos Estados Unidos; por isso optamos pela tradução literal nesta obra. Já em *O oposto da branquitude* (Pallas, 2025), a autora usa termos como "américain" e "américains" ["americano" e "americanos"] para se referir às produções, às pessoas e ao próprio país Estados Unidos da América, pois se trata de referência comum em língua francesa para falar dos EUA enquanto potência do Ocidente em solo americano. Optamos, porém, por traduzir essas ocorrências como "norte-americanos", ainda que o termo não se refira apenas aos nascidos nos EUA, por entendermos que esse é o vocábulo que se aproxima da proposta do texto original.

É no campo do espetáculo que a questão da apropriação cultural se coloca com força neste momento, e as polêmicas são criadas por aqueles que fingem não entender. Para os franceses pertencentes a grupos minoritários, não se trata de fazer de conta que a experiência humana não pode ser nem compreendida, nem encarnada por todos, ainda que alguns pensem assim. A meu ver, a questão não é filosófica, nem mesmo identitária, em primeira instância. Ela é política e econômica.[4] Trata-se de saber quem tem o direito de se expressar e de ocupar o espaço, quem tem o direito de enriquecer e ver sua criação ser celebrada. Enquanto não for possível para um ator afrodescendente interpretar o general de Gaule no cinema, o fato de Gérard Depardieu fazer o papel de Alexandre Dumas só pode ser considerado uma ofensa. É impossível pregar o universal e só dar a ele traços caucasianos.

Tomemos outro exemplo da diferença de ponto de vista entre subsaarianos e afropeus. Para estes, a homenagem aos soldados coloniais assume uma importância capital. A lembrança dos subsaarianos recrutados para os conflitos nos quais a França esteve envolvida legitima a presença de seus descendentes no solo francês. Eles fazem parte das referências a que está atrelado o direito de ali estarem e de se considerarem franceses. Seus despojos costumam repousar em solo francês, o país ao qual deram suas vidas. Homenageá-los significa reconhecer aqueles que os consideram ancestrais imediatos, ainda que se trate apenas de um parentesco simbólico, não necessariamente biológico. Ora, se a França deve tudo aos subsaarianos que por bem ou por mal a serviram, a África, todavia, não lhes deve nada. Muito pelo contrário.

O afropeu transformará em herói aquele que, na melhor das hipóteses, o subsaariano verá como vítima de manipulação e, na pior delas, como um traidor cujos crimes não podem ser perdoados. Nos dois casos, é alguém cujo percurso o subsaariano está impossibilitado de

---

4 Isso fica evidente quando a Disney decide registrar a frase suaíli "*hakuna matata*" para receber direitos autorais.

celebrar. Os soldados coloniais não enfrentaram apenas os inimigos europeus da França. Eles também avançaram contra as populações colonizadas, tanto na Ásia como na África. Em muitos casos, eles foram agentes zelosos da política colonial, seus mercenários. Na África Subsaariana, alguns tomaram o poder após as independências e se destacaram no totalitarismo, com o fervoroso apoio do antigo colonizador. O apego dos afropeus ao continente africano não acarretará, porém, na rejeição da figura do soldado colonial. Ela surge como um elemento imprescindível do patrimônio identitário e memorial, a qual permite reivindicar seu lugar na França.

Esses exemplos da forma como a consciência identitária se articula segundo o pertencimento demonstram que a vivência influencia de quem tomamos partido, o nosso estar no mundo. A aquisição da cidadania francesa não tem efeito sobre essa realidade. A duração da estadia fora do continente não basta para tirar o que a África dá aos seus filhos. Então, de onde vem meu interesse por Afropea e por que me pareceu necessário inscrever isso em alguns dos meus textos? A resposta é simples: dei à luz uma criança na França. Minha filha é hoje uma jovem tão francesa que a subsaariana que vive em mim não pode se impedir de, por vezes, considerá-la exótica. Como muitos pais vindos do continente africano, sou testemunha da maneira como às vezes parece que nossos filhos nos escapam, sem que seja certo que braços amorosos os segurem no ar. Talvez esse seja o destino de todos os pais.

Na França, estamos fora de lugar, quase sempre privados de nosso entorno familiar ou comunitário. Nossos nomes nada significam no país. Nossas genealogias são abolidas. Isso é sentido com ainda mais intensidade quando, por diversas razões, viver na França significa enfrentar o rebaixamento social. Foi o caso para muitos de nós, pequeno-burgueses vindos da África central no início dos anos 1990, quando a desvalorização do franco CFA[5] castigava nossas famílias.

5 N.T.: Moeda conhecida como o franco das colônias francesas da África. Foi criada em 1945 e extinta em 2019.

Algumas vezes as quedas foram bruscas e, para as crianças enviadas ao exterior, foi o aprendizado de um modo de vida antes impensável. Nem todos se recuperaram disso. O rico, ou supostamente rico, só pode contar com a comunidade para ampará-lo. É a ele que se pode pedir ajuda e é quem não deverá esperar nada em troca. Os de sua casta lhe voltarão as costas porque o contato com o infortúnio é contagioso, porque os tempos mudaram e todos desejam esconder suas dificuldades. Rebaixado, com a individualidade apagada pela racialização, o subsaariano proveniente de uma classe outrora privilegiada nem por isso vai se misturar com a população afropeia. Sua diferença criará um distanciamento que complicará o reconhecimento. Ele fará parte de uma minoria dentro da minoria, e sua presença será singular demais para ser plenamente adotada. Muitas anedotas me vêm à mente quando penso nisso. Vou mencionar apenas uma e meia.

Em meados dos anos 1990, quando eu enfrentava, como outras pessoas, uma situação precária, trabalhando sete dias por semana sem ganhar de fato meu sustento, às vezes eu precisava levar minha filha comigo para o trabalho. Isso acontecia principalmente no sábado ou no domingo, por razões evidentes. Da primeira vez, ela tinha apenas três anos e tivemos que atravessar Paris de leste a oeste de madrugada. Fomos recebidas com olhares espantados, seguidos de alguns cochichos. As pessoas vieram contemplar discretamente o fenômeno: aquela menininha instalada num escritório, desenhando tranquilamente enquanto eu me dedicava às minhas ocupações. As observadoras tinham ascendência subsaariana ou magrebina, o que tem sua importância aqui. Ontem, como hoje, as pessoas provenientes da história colonial são predominantes quando o emprego é igualmente pouco atrativo e mal remunerado. Por que aqueles olhares incrédulos? Por que aqueles murmúrios? A menina era negra, o que não correspondia à percepção que as pessoas tinham de mim.

Era algo tão anormal que, não conseguindo mais se conter, uma jovem cujos pais eram guineenses me questionou e exclamou ao mesmo tempo: *É sua filha? Mas... ela não é mestiça!* Minha linguagem, minha postura, e sei lá mais o quê, me associavam à branquitude. Eu não fazia o tipo que alguém imaginava copulando com negros. Eu não era negra no sentido em que isso era entendido nos bairros periféricos, e provavelmente jamais me tornaria. Muitos anos depois, na escola, minha filha seria rejeitada por pessoas como aquela jovem, francesas de ascendência subsaariana. *Você não é uma verdadeira renoie*,[6] lhe disseram. Pouco importava minha condição social, ou o fato de eu ter enfrentado muitos desafios — que tantos outros não tiveram — por ainda não ter a nacionalidade francesa na época. Eu era diferente, nem uma *blédarde*[7] comum — com sotaque forte, sintaxe problemática e vocabulário limitado —, nem uma menina da periferia grosseira e escandalosa, nem negropolitana[8] instruída em busca de um futuro descolorido, nem afropolitana moderna, adepta de uma moda colorida remetendo à África de forma gritante. E certamente não *noirabe*.[9] Ninguém sabia onde me encaixar. Uma parte dessa estranheza era transmitida à minha filha. Eu não fazia nenhum esforço para me tornar compreensível, pois decidi logo cedo que não era meu objetivo agradar a todos, nem ser compreendida por todos.

Sem dúvida, algumas coisas foram mais fáceis para mim do que devem ter sido para outras pessoas, porque eu criava uma filha, porque minha educação tinha sido bastante ocidentalizada. Isso me permitiu compreender a sociedade francesa e guiar minha princesinha da melhor forma possível nessa sociedade. Um magro privilégio concedido pela minha origem social. Uma burguesa sem um tostão no bolso conserva seu capital cultural. O meu foi muitas vezes de grande ajuda. Contudo, mesmo a subsaariana mais europeizada não é, e não será, aconteça o que acontecer, uma europeia. Isso eu também

6 N.T.: *Renoie* é a gíria para *noire*, que significa "negra" em francês. A linguagem que inverte as sílabas de algumas palavras em francês é chamada de *verlan*.

7 N.T.: O termo *blédard* vem do nome dado aos soldados que serviram no interior da Argélia. Hoje o termo é usado para se referir aos migrantes cujos costumes e cultura ainda são diferentes e visíveis devido à sua falta de integração à nova cultura na qual estão inseridos.

8 N.T.: Pessoa negra nascida na França continental.

9 N.T.: Termo que designa as pessoas que têm origem negra e árabe ao mesmo tempo, bastante usado hoje em dia para se referir pejorativamente aos negros de religião muçulmana.

posso afirmar. A identificação daqueles que compartilham da nossa aparência continua sendo problemática, mesmo depois de anos de presença na França. Nossa vivência só é parcialmente igual à deles. Nós só *representamos*, como dizem, quando se trata de questões relacionadas ao ser negro mundial, essa *global blackness* que transcende as nacionalidades e evoca uma ferida comum. Num país em que a *local blackness* ainda não definiu seus contornos e seu discurso, encarnar uma condição global é falar apenas para uma minoria dentro da minoria: intelectuais, artistas, relativamente negro-americanizados. Nós representamos o continente original, é claro. Mas, por razões históricas, ele é visto na França como um grande Senegal ou um Mali gigante. Uma vez mais, não sabem onde vão situá-lo, a autenticidade subsaariana é novamente contestada. Daí as perguntas feitas por franceses de ascendência europeia: *Por que escolher o nome Léonora? Porque esse é meu nome.* Isso parece impossível, é preciso se chamar Fatou, Salimata, Djeneba. Ter esses nomes que permitem esquecer que os subsaarianos foram colonizados, e que suas identidades foram alteradas.

Não se pode ter tido uma mãe professora de Inglês que cantava para as filhas a canção de ninar de Mozart, lhes ensinava a letra "It's a Long Way to Tipperary", lia *O fantasma de Canterville*, de Oscar Wilde. Não se pode ter tido um pai farmacêutico, apaixonado por jazz, music-hall e faroestes. Durante essa mesma infância, não se pode ter brincado de *jakasi* e de *mbang*,[10] dançado como ninguém o ritmo *makossa*, caçado gafanhotos antes de fritá-los na frigideira, aprendido a pilar os condimentos na pedra, a matar, estripar e depenar o frango para o almoço. É proibido acolher em si todos esses mundos, senão nos perdemos. A França afirma apreciar a mistura, mas o resultado sempre tem algo de suspeito. Para além desses aspectos, o tempo passado na França e o apego a esse país nada podem contra os rugidos da África que nos habita e frequentemente nos

10 N.T.: *Jakasi e mbang* são jogos típicos de alguns países da África. O *jakasi* é jogado com pedras, e o *mbang* é uma brincadeira de roda, realizada principalmente por meninas.

cobra o que lhe é de direito. A terra chama, e é preciso responder. É assim: cidadania e identidade nem sempre são sinônimos perfeitos. Somos antes de tudo o fruto de uma história pessoal. Venho de uma época e de um meio em que ter que ir viver na França era, de certa forma, não ter dado certo na vida; a burguesia subsaariana tem suas contradições, que, pensando bem, nem são realmente contradições. Algumas de nossas facilidades serão invejadas, mas também serão motivo de pena na mesma medida. Era preciso ir à França facilmente, possuir bens — por que não? —, mas a vida, a verdadeira vida, seria vivida em casa. Num país que conhecesse seu nome. Um país onde desconhecidos encontrados na rua poderiam nomear seus ascendentes só de olhar para você. O país em que "Como você se chama?" era dito assim: "Você é filho de quem?". Esse tempo e esses mundos não existem mais.

Seja como for, foi a mãe em mim, preocupada em preparar o futuro de sua filha dentro desse *lar* que logo se recusaria a acolhê-la, que concebeu como uma urgência o trabalho sobre a Afropea. Aliás, foi por minha filha que tomei a decisão de pedir a nacionalidade francesa. Eu começava a ganhar um pouco de dinheiro com meus livros e queria lhe apresentar o mundo. Nascida com a nacionalidade francesa, atormentada pelo medo de me expulsarem, ela me veria sendo submetida a um tratamento diferente nos aeroportos, quase sempre degradante. E eu não aceitava isso. Como Camarões não permite a dupla nacionalidade, me pareceu arriscado impor a ela uma identidade que talvez não lhe conviesse. Não me arrependo desse sacrifício. Ela e eu sempre soubemos que uma era europeia e a outra, subsaariana. Falávamos a mesma língua. Como meus pais só me ensinaram o francês, não pude transmitir a ela a língua duala, que aprendi por conta própria para ter acesso às verdades que os adultos escondiam. É assim: penso em francês a maior parte do tempo, sinto em duala, sonho em pelo menos três línguas, já que o inglês sempre fez parte da minha vida. Comecei a aprender línguas no maternal, aos dois anos, numa escola particular de Duala, numa época em que

Camarões considerava imperativo que os jovens dominassem suas línguas oficiais, o francês e o inglês.

Em 2007, a França escolheu confiar seu destino a Nicolas Sarkozy, abrindo as comportas de um discurso racista até então mais contido. Foi necessário dotar o país de instrumentos que lhe permitissem apreender essa coisa impensável que é a presença afropeia. Então escrevi alguns textos, que é o que sei fazer. Como a França é um país de literatura, ou seja, um país que se reconhece e que fala do mundo através de textos literários, era preciso pelo menos começar a trabalhar nisso. O que não aparece na literatura francesa não existe para o país. Ora, não existe um corpus afropeu. Revelar essas outras faces da França, dar voz a elas, era para mim um dever. É claro que era essencial nomear os envolvidos. Era a condição não apenas para confirmar a existência deles mas também para destacar as particularidades da experiência afrodescendente em solo europeu. Eu não queria empregar uma terminologia racial. Ainda que seu valor político seja atestado, ela continua impotente para falar dos humanos e fazer com que nos reconheçamos neles. Afropea foi a escolha óbvia, embora o termo ainda não seja amplamente utilizado. Sem dúvida, a razão está no que ela evoca, no projeto de sociedade que incorpora, nas aspirações que comporta, em sua maneira de derrubar os muros que pareciam ser resistentes. É o que eu gostaria de explorar nas páginas a seguir. Dizer por que a Afropea me parece uma fonte na qual podemos beber para renovar os imaginários e forjar novas modalidades de relacionamentos.

Nesta proposta, em que assumo a subjetividade, a dimensão intuitiva e a hibridez formal, a Afropea encarna, no Hemisfério Norte, os povos do mundo brutalizados pela Europa conquistadora desde o final do século 15 e, depois, pelo que foi chamado de Ocidente. Uma outra forma de designar o capitalismo e sua violência. Foi a venalidade inerente à sociedade ocidental que deu origem à noção de raça como a conhecemos hoje. É à dominação dela que devemos a racialização dos corpos e dos imaginários. O Ocidente já não se limita aos grupos humanos que têm raízes no oeste da Europa, ainda que eles estejam na origem desse sistema e continuem sendo seus primeiros beneficiários. O Ocidente é também a maneira como o espírito que deu à luz esse fenômeno, que se espalhou pelo planeta em razão da influência colonial, se ambientou para transformar a visão que existia do mundo e de si mesmo no mundo.

Os chineses de outrora, que inventaram a bússola, a pólvora e o leme, não usaram esses objetos para conquistar territórios e povos para além de seu continente de origem, para impor suas crenças, sua língua ou sua escrita, capturar seres humanos, tirar-lhes sua identidade e então reduzi-los à condição de escravizados. Seu imperialismo e sua violência não ganharam ambições planetárias. E não é por não conhecerem o mundo. A China e a África convivem há muito mais tempo do que dizem. O estudo de suas relações através do Oceano Índico revela uma história do século 9, o que corresponde ao período da Alta Idade Média da Europa (Bart, 2011). As deportações transoceânicas de subsaarianos — que estão relacionadas ao Oceano Índico — e a ocupação colonial da África não passaram pela cabeça dos chineses de antigamente. Os mais recentes, que se mantiveram ao lado dos jovens Estados subsaarianos, como o Mali socialista de Modibo Keita, também não alimentavam ambições colonialistas.

A China atual, que urdiu de forma duradoura sua revanche contra os tratados desiguais,[11] que reinventa a rota da seda a fim de firmar sua hegemonia sobre o mundo, que instala bases militares na África, que começa a entrar no campo de influência cultural, que se coloca de forma feroz e febril na competição capitalista, é ocidentalizada. A ocidentalização, que se insere nos meios e nos atos, serve aqui para replicar, para se vingar das longas humilhações, para lutar com as próprias armas. A China investe mais maciçamente na Europa, na França, do que na África, onde sua presença alarma os antigos

11 No século 19, as guerras do ópio chegaram ao fim com a assinatura desses tratados, que dividiram a China em oito zonas e as atribuíram às potências ocidentais (Reino Unido e Grã-Bretanha, França, Reinos Unidos da Suécia e da Noruega, Estados Unidos da América, Rússia, Portugal, Confederação Germânica). Esses tratados limitaram consideravelmente a soberania da China, expondo-a sem restrições à ganância dos estrangeiros.

colonizadores, que aceitam seu capital, mas veem com maus olhos o fato de os subsaarianos fazerem a mesma coisa. É primeiro em solo europeu que a China inicia sua revanche, o que é bastante lógico. Outras ilustrações permitiriam demonstrar o rearranjo das arquiteturas mentais que a ocidentalização trouxe para todas as áreas que afetou.

Em alguns momentos, eu diria Europa ou França de forma quase indiferenciada. Por ser um nome que transcende as fronteiras nacionais, a Afropea se inscreve, por ora, no centro de nações das quais ela é nativa e cidadã. Se o pan-africanismo ainda é uma ficção, o federalismo europeu também não é uma realidade. Sendo assim, e porque é o que melhor conheço, vou tratar do contexto francês. A França conta com uma presença afro mais significativa do que a maioria dos outros países europeus. Além disso, por sua história, é um dos países que mais se estabeleceu no continente africano. Por fim, de todas as nações do mundo, é a única que reivindica um ideal de fraternidade que a compromete. Enquanto proclamar esse desejo de fraternidade, ela terá que estar à altura dessa reivindicação e continuará sendo o território privilegiado para assistir ao nascimento da Afropea.

Assim como o resto do mundo, a França acumula muitos rumores inquietantes. Os franceses de ascendência unicamente europeia desejariam preservar sua essência, sua identidade, reconhecer seus semelhantes no metrô nos horários de pico. Clama-se pela conversão da população. Há um medo de que os imigrantes e seus descendentes substituam cada vez mais a população nativa. Há uma comoção relacionada à demografia subsaariana, que, em breve, engoliria a Europa de uma só vez. Uma nova linguagem dá nome ao drama: "substituísmo"[12], colonização ou invasão migratória. Nunca se falou uma palavra sobre a presença francesa no sul do Saara, por exemplo, como a das empresas cuja implantação corta as ambições locais pela raiz. Elas chegam a se apropriar de setores inteiros da economia.

---

12 N.T.: No original, *remplacisme*. Trata-se de um termo cunhado por Renaud Camus, escritor e militante da extrema-direita europeia, a fim de "denunciar" a substituição interna dos europeus por migrantes oriundos, em sua maioria, da África Subsaariana e do Magreb.

Quantos na França sabem que, desde a abertura da primeira loja no país, em 2015, a rede Auchan já tem mais de 30 lojas no Senegal? Quem se importa com o sofrimento dos comerciantes senegaleses mais modestos, a quem esse gigante do varejo esmaga, tamanha sua voracidade? (Desmas, 2018). Quem na França questiona a legitimidade do grupo *Le Monde*, que, em 2015, divulgou sua vontade de ser a primeira revista pan-africana através de *Le Monde Afrique*? (Madeleine, 2015). Fiquemos com esses dois casos. A lista é grande, e os ardores do capitalismo francês na África não são exatamente nosso tema. No entanto, a questão deveria interessar àqueles que lamentam ver a África invadir seu espaço. Fechemos o tópico lembrando que os franceses não têm moral para exigir que alguém que se estabelece em seu país adote seus costumes, sua língua e batize seus filhos de acordo com a cultura local.

Quando estão fora de sua terra natal, os franceses de ascendência unicamente europeia só falam sua própria língua, são capazes de passar décadas em um território sem dominar um único idioma local, matriculam seus filhos em escolas francesas e nunca os batizam com nomes locais, a menos que sejam particularmente excêntricos. Às vezes, entram nesses países sem visto, o que permite que pedófilos e outros malfeitores se aproveitem inescrupulosamente de uma pobreza crescente. Os franceses receberão no próprio país o que oferecem aos outros. Em matéria de assimilação, eles não se cansam de dar o exemplo. Onde quer que estejam no mundo, mesmo nos países que fazem fronteira com a França continental, seu primeiro reflexo é se estabelecer em comunidade, garantir que não falte queijo e que não seja necessário aprender uma língua estrangeira.

A invasão deles ao Brooklyn deu origem a um bairro chamado Little France (Cherfils, 2013). Esse nome lembra a forma como os antigos invasores europeus batizavam os territórios conquistados nas Américas. Eles vinham recriar a terra de seus ancestrais. Na terra dos outros. Se não for uma condição, a ocidentalidade é ao menos um hábito que se manifesta até entre ocidentais. Mesmo quando não é indispensável se torturar aprendendo um novo idioma, os franceses tendem a se agrupar num território demarcado por compatriotas. É assim que eles representam 14% da população de Ixelles, uma comuna de Bruxelas pela qual têm predileção. Há mais de 11 mil franceses entre os 83 mil habitantes. Com a saturação do liceu francês de Bruxelas, anunciou-se, em 2019 (Souris, 2019), a inauguração de um novo estabelecimento na comuna de Uccle, outro feudo gaulês na capital belga. Parece que, mesmo instalados num país europeu e francófono, os franceses ficam perturbados com a simples ideia de seus rebentos seguirem um currículo escolar diferente.

Trata-se de usufruir das vantagens oferecidas pelo ambiente escolhido sem ser afetado por ele. A gente empresta, mas não doa. Contudo, é o que exigem dos outros, sobretudo quando eles vêm da África. E os franceses também vão à África. Com muita frequência. Lá ganham melhor a vida do que na França. A assimilação não é mesmo uma questão. O viajante do Norte tem certeza de que sua presença será um benefício para o Sul, e o simples fato de ele se dignar a respirar seu ar já é, para ele, um sinal de consideração. Se o termo "missão civilizatória" pertence agora à história, os comportamentos induzidos por ele ainda persistem sob diversas formas, independentemente da orientação política dos envolvidos. O mundo em que vivemos é em grande parte ocidentalizado, nos âmbitos político, econômico, tecnológico... Isso não é pouca coisa. As particularidades identitárias resistem aqui e ali, mas quem se atreveria a afirmar que as áreas mencionadas não influenciam, afinal, a maneira de ser?

As instituições internacionais apresentam uma estrutura ocidental. Seu funcionamento não leva em conta as diferentes sensibilidades de seus membros. A única concessão feita a essa diversidade é a contratação de intérpretes e tradutores, o que não se aplica aos subsaarianos, cujas línguas ancestrais não são contempladas. Os textos legislativos internacionais não recorreram às diferentes concepções de justiça criadas pelas sociedades humanas, e ninguém questiona o que poderia resultar de uma congregação de práticas e saberes. Cada um age como bem entende em seu país, sob a premissa de que as regras internacionais se aplicam a todos, desde que tenham sido ratificadas as convenções que obrigam a respeitá-las. Assim, é compreensível que aqueles que se deslocam a partir do ponto de origem do mundo tal como ele é o façam com a sensação, mesmo inconsciente, de deter a chave da questão.

As lamúrias dos identitários franceses e dos que julgam oportuno se juntar ao coro queixoso dos conquistadores destituídos causam certo espanto. Perguntam-se qual deveria ter sido o desfecho da aventura colonial, o que suas extensões mal disfarçadas ainda produzem, e que futuro tudo isso reservaria à humanidade. Como poderia escapar ao entendimento mais mediano que não seria possível possuir todos esses mundos invadidos e subjugados sem também se tornar propriedade deles? Como diz o ditado: "Você pertence àquilo que possui". Ao se lançar sobre o mundo, a Europa conquistadora se entrega a ele. Os fenômenos migratórios que ela gostaria de conter eram previsíveis. E incontroláveis.

Seria possível ignorar que viriam os filhos e filhas daqueles que, a exemplo da Grande Royale,[13] desejariam saber *como vencer sem ter razão*? A invasão da qual a França se queixa, caso realmente estivesse em curso, não consagraria, sob muitos aspectos, a vitória daqueles que, movidos apenas pela cobiça, se lançaram sobre terras alheias sem terem sido convidados? Aqueles que esses povos distantes não escolheram receber gostariam, por sua vez, de decidir quem põe os pés em solo francês. E por que não? Todo Estado soberano adota, nesse campo, a política que mais lhe convém. Contudo, como a soberania de todos não foi adquirida, parece difícil garantir uma verdadeira reciprocidade.

Ter um passaporte francês abre as portas de mais de uma centena de países, com isenção de visto. A informação chegaria até nós caso os cidadãos de Moçambique ou da Colômbia desfrutassem desse mesmo privilégio para entrar na França. Se não é assim, é porque

---

13 Personagem do romance *Aventura ambígua*, de Cheikh Hamidou Kane.
N.T.: Trata-se de um romance senegalês publicado em 1961 que aborda questões referentes às inquietações da classe intelectual da África ao longo da colonização francesa. A obra teve uma edição brasileira em 1982.

alguns Estados são mais soberanos que outros, porque, após a era colonial, ingressaram num ambiente político-econômico dominado pelo Ocidente. É dentro dessa assimetria que se desenvolvem as relações internacionais e as relações entre grupos humanos. Os menos poderosos deveriam renunciar ao direito de ir e vir de que outros se beneficiam sem restrições. Deveriam se contentar em observá-los viver, boquiabertos, mal ousando imaginar quando lhes será permitido fazer o mesmo.

Aqueles que desejam escolher seus visitantes gostariam que eles fossem ricos. Para tanto, farão vista grossa para seus costumes, sua religião e sua cor. Eles poderão comprar os palácios parisienses, os maiores times de futebol, rebatizar o Prêmio Arco do Triunfo[14] sem que isso suscite qualquer comentário por parte daqueles que se imaginam preservando sua essência enquanto liquidam seus símbolos identitários. Vale lembrar da tenda beduína de Muammar Kadhafi imperando no jardim do hotel de Marigny, dentro da qual ele costumava realizar audiências. Despejada, a França pedia esmolas. O Líder da revolução líbia vinha assinar contratos de dez bilhões de euros e obviamente esperava que o investimento lhe desse lucro. Algumas pessoas se queixaram. Tinham bons argumentos, mas sua santidade, o dinheiro, exigia que se ajoelhassem a seus pés. E eles cederam.

Os vulneráveis, os insolventes, sempre terão uma cultura problemática e uma cor associada. Eles vão servir como válvula de escape para o inextricável dilema que, na França, é um modo de vida: somos governados por esses princípios que professamos ou guiados pela venalidade? Parece que isso já foi decidido há muito tempo. Mas como isso aconteceu no sentido que sabemos, e como atualmente nada é ignorado, com imagens que atravessam o planeta num piscar de olhos, é preciso encontrar um meio de não se degradar totalmente.

---

14 N.T.: O *Prix de l'Arc de triomphe* é a maior corrida de cavalos do mundo, iniciada em 1920. Desde 2008, o evento passou a se chamar *Qatar Prix de l'Arc de triomphe*, graças a um acordo assinado com o patrocinador Qatar Racing and Equestrian Club (QREC).

Aos seus próprios olhos, claro, pois os outros não são idiotas. A África Subsaariana ainda oferece imensas possibilidades nesse sentido, por razões internas e externas. Lá eles podem se engrandecer, subir o tom, dar lições em todas as áreas, fingir que, como todo mundo, os subsaarianos não percebem que eles passam o tempo vadiando antes de vir subjugá-los. O rei está nu, mas ainda está em posse de seu cetro, e é só o que importa.

Como a África Subsaariana está associada à indigência, à incompetência e à impotência, os grupos humanos física e culturalmente marcados por ela são alvo de um racismo bastante peculiar. Os árabes, e aqueles percebidos como tais,[15] são temidos. Quando cheguei à França, o ódio aos magrebinos era manifestado sem rodeios. Para simpatizar com a jovem imigrante que eu era, depois de me fazerem todo tipo de pergunta sobre meu cabelo, se preocuparem com a estrutura do meu hábitat subsaariano — talvez no tronco oco de uma árvore, construído por meus pais —, quererem saber como eu tinha chegado ali — saltando de um cipó a outro, por exemplo —, muitas vezes julgaram útil me falar que os negros não eram de fato um problema, enquanto os árabes... Ricos ou pobres, o ódio devotado a eles se deve à certeza de que são geneticamente programados para a conquista — e, portanto, para a insubordinação —, de que tramam algo enquanto esperam a hora de agir, de que sacarão uma adaga no momento propício, de que, em vez de se render, vão preferir a combinação entre suicídio e massacre.

Já o antissemitismo aparece como um traço cultural antigo no país. Desde a Idade Média, quando eram executados em um local parisiense conhecido como ilha dos judeus, o antissemitismo assumiu diferentes tonalidades. Atualmente, fala-se do antissemitismo dos jovens moradores das periferias francesas, mas eles estão longe de ser os únicos que podem ser declarados culpados. Ainda que os membros do grupo majoritário que odeiam os judeus se abstenham

---

15 Qualquer pessoa muçulmana vinda do Oriente ou do norte da África. Não interessa, são todas iguais.

de qualquer ação violenta, isso não significa que esse sentimento não esteja vivo. E não se trata apenas de uma questão religiosa, embora persista nos textos de alguns ensaístas altamente conceituados nos círculos nacionalistas. Figuras conhecidas garantem a permanência da tradição antissemita no país. Esses senhores têm uma certa idade, mas isso não diminui sua determinação, e seus ouvintes podem ser muito mais jovens, o que garante que o bastão seja passado adiante. Aos judeus é atribuído um poder obscuro. A rejeição que sofrem está arraigada na ideia de uma força judaica impossível de ser verdadeiramente conhecida e, portanto, controlada. Um pouco como a dos árabes, no fundo, mas com uma diferença de método, já que têm a imensa vantagem de não serem fisicamente identificáveis e de pertencerem ao Ocidente, cujo pensamento ajudaram poderosamente a forjar. Nos meios nacionalistas, esse último aspecto é visto como uma corrupção identitária, intelectual e política. Os antissemitas mais fervorosos sonham com uma aliança improvável com os árabes para resolver o problema de uma vez por todas.

Foi ao encontrar leitores asiáticos de meus livros que descobri como os preconceitos da sociedade contra eles são capazes de feri-los. Antes da recente pandemia de coronavírus, não se falava tanto do *perigo amarelo*;[16] a invasão que se temia era a dos subsaarianos. As ideias preconcebidas e os discursos hostis contra os asiáticos não desapareceram totalmente, e a epidemia fez ressurgir os antigos demônios. As expressões "alerta amarelo" e "perigo amarelo" foram usadas para se referir ao coronavírus (Le "Courrier [...], 2020). Os asiáticos que vivem na França sofreram racismo. Os franceses de ascendência asiática começaram a tomar a palavra para denunciar o racismo de que são vítimas. Filha de pais chineses do Camboja, que vieram para a França para fugir do Khmer Vermelho,[17] Grace Ly

16 N.T.: Termo de cunho racista criado para descrever os asiáticos orientais como perigo e ameaça, baseado na possibilidade de que conquistas militares permitissem o domínio da raça amarela sobre a raça branca.

17 N.T.: Movimento radical comunista que governou o país entre 1975 e 1979.

— para citar apenas um exemplo — é conhecida por sua luta contra a discriminação dos asiáticos. Ela lembra sobretudo da hipersexualização das mulheres asiáticas e aponta para a impossibilidade de um racismo positivo. Os preconceitos são sempre redutores. Se o corpo asiático inspira repulsa ou é considerado sexualmente disponível, a rejeição, como nos dois casos mencionados antes, provém da autonomia demonstrada em razão de solidariedades comunitárias. Mais uma vez, trata-se de uma força indomável, de uma energia que não pode ser freada.

Os grupos mencionados há pouco parecem estar mais ou menos estabelecidos no plano comunitário. Eles seriam capazes de mobilizar diversos recursos em prol do coletivo e de esquecer suas divergências internas quando for necessário se defender. Pode ser apenas uma impressão, mas ela alimenta crenças arraigadas. Subsaarianos e afrodescendentes, ao contrário, são vistos como depositários de uma cultura de prazer que os torna consumidores insaciáveis, facilmente corruptíveis, prontos a vender pai e mãe para adquirir carros, adereços, roupas feitas sob medida. O racismo contra os subsaarianos e afrodescendentes, os únicos designados pela suposta cor de sua pele, evoca uma redução do ser à sua aparência, à vida do corpo, às necessidades mais primárias. Quando se colocam na outra ponta do espectro ao se embranquecer, os inventores da raça negra comprometem qualquer identificação. Às vezes, as pessoas de ascendência subsaariana, sobretudo os homens, despertam medo. Mas não se trata do medo diante de outro ser humano, igualmente capaz de dominar por dispor de qualidades intelectuais adequadas. O medo do negro é aquele provocado pelo encontro inesperado com um animal selvagem, o que desencadeia as reações mais irracionais. Os numerosos casos de violência policial são uma prova disso, e ficamos sem palavras diante da descrição de fatos que levam à mutilação ou à morte. O medo do negro às vezes se assemelha ao que teríamos diante de uma barata gigante: uma espécie de repugnância que suscita pulsões assassinas. O negro é uma quimera emanada da mente de quem o concebeu. Ele representa uma ameaça imaginária: sabemos quem comanda, e não é ele.

Diante do subsaariano ou do afrodescendente, a cegueira ao fenótipo, a identificação espontânea com qualquer ser humano, estão longe de ser evidências. Essa sociedade francesa que afirma reconhecer apenas os indivíduos, e não os grupos étnicos dos quais eles seriam oriundos, não vê o próprio reflexo no rosto do negro. Não identifica nele uma pessoa portadora de valores que nos orgulhamos de ter. Ele não é uma figura do universal, nem mesmo de forma negativa, como todos os outros, que hoje são clientes e concorrentes em áreas estratégicas. Aqueles que também souberam difundir uma religião imperialista e dominaram territórios europeus.[18] Aqueles que foram outrora colonizados, mas que atualmente têm uma gestão soberana de seus recursos. Todos aqueles cuja memória ignora a captura, as deportações transoceânicas e a escravização colonial, acontecimentos cuja sucessão deu origem ao negro, encarnação do fracasso, da expropriação, da impotência.

Os preconceitos aparentemente positivos que se pode alimentar em relação às pessoas de ascendência subsaariana não limitam o alcance dos precedentes. Todos remetem ao entretenimento. O próprio sofrimento do negro é um espetáculo. Afinal, ele não o transforma admiravelmente em música? Não faz dele uma dança incomparável? E é justamente porque a humanidade das pessoas que a história definiu como negras ainda carrega o selo da inferioridade, que é impossível se identificar com elas. Fantasiar-se de subsaariano no Carnaval de Dunquerque ou de Harlem Globetrotter[19] acentua esse distanciamento. Caso contrário, o traje seria suficiente. Não seria necessário colorir a pele. Se esta se torna um elemento do disfarce, é porque é

18 O Império Otomano teve uma província húngara de 1540 a 1680, aproximadamente. A Andaluzia viveu um longo período árabe, do século 8 ao século 15. Uma parte da Cáucaso é islamizada desde o século 7.

19 N.R.: Equipe de basquete de exibição dos Estados Unidos, famoso por misturar esporte, entretenimento e acrobacias em suas partidas. O termo Globetrotter deve-se ao fato de o time se apresentar em diversos países.

significativa, e é preciso garantir que se possa removê-la para retomar a forma humana. Exceto nos casos em que as pessoas se fantasiam de animal para divertir os visitantes dos parques de diversão, é raro que se proceda assim. A imitação de seres humanos recorre ao uso de acessórios dos quais as próprias pessoas representadas poderiam prescindir. A pele não se enquadra nessa categoria, daí a natureza agressiva do procedimento.

Diante da história das conquistas coloniais e, mais ainda, da escravidão, a mentira que prospera no país sobre uma cegueira em relação à cor da pele cai por terra. É aí que a recusa em se reconhecer no outro se torna mais evidente. Basta mencionar a questão da escravidão colonial para que os detratores do comunitarismo se reconheçam como brancos, de modo essencial e irremediável. Os valores proclamados diariamente não funcionam mais. Se fosse assim, veríamos o reflexo de nós mesmos em quem os personifica. Estaríamos do lado deles, sem hesitação. Mas isso jamais acontece. Ora, mesmo com a mais extrema má-fé, é impossível não perceber que, nessa história, é o oprimido, o escravizado, quem faz de sua vida uma busca incessante pela liberdade, igualdade e fraternidade. Ele representa a França no que ela tem de mais nobre e tal como ela pretende se apresentar ao mundo. Mas ele é negro. Foi construído assim para ser expulso da família humana, para nunca ser um irmão, apenas esse outro cuja pele não pode ser habitada com plena consciência, ou seja, não pelo disfarce, mas pela compreensão profunda de sua experiência.

O escravizado é negro, e isso não diz nada sobre sua compleição. No entanto, informa o lugar que lhe foi atribuído e que seus descendentes continuam a ocupar depois dele. E esse negro, que não é uma cor, significa a degradação, a impotência. É disso que querem se distanciar a todo custo. Não ter que assumir a condição de quem encarna os valores do país. É por isso que, de repente, somos brancos. Porque, se o branco da história se degrada pela violência infligida ao negro, criado exclusivamente para essa finalidade, ainda assim ele carrega a prova de sua potência. O que se busca é o poder. Pouco importam as mãos ensanguentadas, as montanhas de cadáveres sobre as quais sua glória foi construída. O poder é a garantia de afastar qualquer ameaça, justamente porque já se mostrou eficaz na prática da crueldade.

Diante da história das conquistas coloniais e da escravidão, já não há cidadãos do mundo, tampouco humanidade universal. O que resta é apenas a construção da raça, suas motivações, e os ganhos que renderam bons frutos à ocidentalidade. É isso que torna tão intolerável a evocação dessa história: uma culpa relacionada sobretudo a uma herança simbólica e material da qual não se pretende abrir mão para confraternizar-se, ou seja, para começar a fazer justiça. Aliás, considera-se que isso já foi feito, uma vez que a escravidão foi abolida, ato pelo qual a França teria se redimido. Contudo, as abolições da escravidão foram, antes de tudo, resultado das constantes lutas dos oprimidos, algo que o discurso francês ainda tende a ignorar. Além disso, esse argumento revela sua desonestidade quando nos damos conta de que a escravidão foi abolida por causa do projeto de colonizar a África, onde as pessoas seriam colocadas para trabalhar, inclusive sob coação (Zorn, 1989). Foi apenas em 1946 que a França aboliu o trabalho forçado em suas colônias da África Ocidental. Exatamente um século depois da segunda abolição da escravidão, de 1848, que teria redimido a França de seus pecados.

A ideia era relegar tudo isso a um passado distante, que deveria ser esquecido. Aqueles que se recusam a se reconhecer mais nos valores do que no fenótipo dos protagonistas da história são, na verdade, os únicos que vivem no passado. São eles que o trazem para o presente, fixando uns e outros em posições raciais, com seu comportamento influenciando o das minorias. O fato de os descendentes de subsaarianos reduzidos à escravidão serem hoje cidadãos franceses, habitantes de departamentos franceses e pertencentes a culturas que deveriam fazer parte do patrimônio francês, não parece facilitar as coisas. Essa presença afrodescendente oriunda da escravidão colonial é minimizada em todos os planos. Pedir que ela seja revelada, reconhecida e aceita no álbum de família seria o mesmo que exigir arrependimento.

Isso mostra o quanto o apego ao criminoso, mais do que à sua vítima, ainda persiste. E demonstra o poder do imaginário racial, sua centralidade, mesmo numa sociedade que finge estar distante disso. Outro exemplo desse fenômeno pode ser encontrado na percepção positiva inicial que se tem da palavra "mestiçagem" na França. Esse termo tem suas origens não apenas no pensamento racial mas também na ideia da desigualdade entre raças. Originalmente, *métisser* significa cruzar raças ovinas entre si com o objetivo de melhorar aquela cujas qualidades seriam menores.[20] O fato de o termo agora se aplicar a seres humanos, ou mais curiosamente às culturas, apenas confirma uma assimetria internalizada por todos: os humanos não são iguais, suas culturas também não, e, quando ocorre o cruzamento, somente uma das partes se beneficia.

O próprio vocabulário está enredado, aprisionado em um pensamento racista que tem apenas alguns séculos, mas que está tão profundamente arraigado que parece impossível superá-lo. Não podemos continuar a falar da humanidade com essa linguagem, a menos que a livremos da violência que ela carrega. Precisamos de novas palavras para expressar o que somos agora e o que queremos ser. Precisamos nos libertar. Todos nós, porque a história não será reescrita e ainda estamos aprisionados em suas regiões mais sombrias. A Afropea veio para abrir as portas da prisão. Para acabar com a reclusão, teremos que repudiar os padrões impostos pela cultura ocidental.

As relações entre a África Subsaariana e a Europa estão marcadas pelo selo dessa prisão. Poderíamos pensar que, depois de tanto tempo, o encontro entre esses espaços do mundo realmente aconteceu, que produziu seus efeitos e que alguns deles são positivos. Mas isso seria precipitado. Se, no nível individual, as coisas podem ocorrer de maneira favorável, isso não se aplica em uma escala mais ampla, e os próprios indivíduos nem sempre conseguem evitar a intrusão na intimidade dos aspectos políticos dessa relação entre os dois espaços. Houve um choque, uma espécie de colisão, que ainda

---

20 N.T.: Vale ressaltar que o verbo "mestiçar" também existe em português, mas os dicionários não fazem referência à mistura de raças para que a "inferior" se misture com a "superior", por isso seria interessante pensar na referência ao termo *métisser*, cujo uso, aliás, é bastante recorrente na língua francesa.

mantém essas duas regiões do mundo numa posição que as impede de se enxergar de verdade. Existe de fato uma relação, mas ela está viciada desde o início, desequilibrada demais para que possamos nos contentar com ela.

O que precisa ser atualizado são as novas formas de convivência, um modo de estar no mundo que seja fecundo para ambas as partes, permitindo o desenvolvimento de cada uma sem que a outra tenha que padecer. É um desafio. Talvez estejamos no domínio da utopia, mas precisamos fazer do limão uma limonada. As possibilidades seriam escassas se contássemos apenas com o senso comum. É preciso, portanto, ir além, ousar pensar de outro modo para reparar um vínculo que não será rompido por razões objetivas. Ao real angustiante que nos cerca devemos opor a radicalidade de um novo caminho, que conteste nossos pressupostos e nossos hábitos. A Afropea oferece essa possibilidade, e me proponho a mostrar como ela dissipa a melancolia colonial que habita a França.[21]

A interpretação que pretendo dar a esse termo não foi formulada desse modo pelas pessoas que primeiro o reivindicaram. Porém, a palavra existe. Ouvi-la permite descrever o projeto que ela carrega. Cada uma das minhas afirmações sobre o que são ou não o processo e a sensibilidade afropeus será formulada a partir da própria designação, de sua estrutura. Falar da coisa apoiando-se na palavra, para além do percurso daqueles que se apropriaram dela para se definir e que, às vezes, se desviaram do caminho traçado por essa denominação. Trata-se aqui de um trabalho que não se apoia em nenhum aparato conceitual específico, de uma meditação política cuja abordagem pode ser contestada ou enriquecida por um manifesto afropeu devidamente elaborado. Naturalmente, vou falar bastante da África. É a subsaariana que vive dentro de mim que se preocupa com o

---

21 Adoto aqui a noção de melancolia colonial de Paul Gilroy.
N.R.: O conceito desenvolvido pelo sociólogo britânico Paul Gilroy refere-se ao sentimento nostálgico presente em antigas potências coloniais, como a França e o Reino Unido, diante da perda de seus impérios. Manifesta-se na idealização do passado imperial, na dificuldade de aceitar a diversidade resultante da imigração pós-colonial e na resistência a reconhecer as violências do colonialismo.

destino dos afropeus, com o que eles oferecem para as sociedades das quais fazem parte e, é claro, para a África. Além disso, também falarei de aspectos da história da diáspora, pois a Afropea se revela como a mais recente categoria afrodescendente, trazendo consigo sua originalidade. Mais que um simples posicionamento identitário, a Afropea me parece expressar uma exigência e veicular uma crítica ao funcionamento dos dois universos que a compõem.

BREVE HISTÓRIA DA PALAVRA

De início, a Afropea se quer sonora. O músico David Byrne, cofundador da banda Talking Heads, criou esse termo no início dos anos 1990. Seu objetivo era designar um continente fictício que permitisse explorar, através da música, a influência das culturas africanas na sensibilidade europeia. A iniciativa foi bem-sucedida. David Byrne reconhece que o encontro entre os povos não deixou nenhuma das partes intacta. A Europa também sofreu alterações irreversíveis. Foi para dar voz às sonoridades resultantes dessa impregnação mútua das culturas que David Byrne lançou, pelo selo Luaka Bop, uma série de três álbuns intitulados *Adventures in Afropea*.

A ideia vai além de seu criador e adquire um novo significado. Mais do que outros, os europeus de ascendência subsaariana se apropriam dela para dar nome não a um espaço virtual, mas à realidade viva, ao movimento de sua identidade. A Afropea então dá origem ao termo "afropeu", uma contração de afro-europeu. A morfologia do neologismo evoca um acasalamento. A união que se impõe aqui frustra os desejos de distanciamento, elimina as razões pelas quais poderíamos não querer ter nada a ver com o outro nem nos envolver com ele. Essa denominação provoca desconforto. O mundo em que vivemos ainda privilegia os espaços nacionais. É a esses territórios que os indivíduos são enviados para se definir. A maioria das pessoas opta por uma definição baseada na nacionalidade ou no país de origem. Depois, podem especificar melhor as coisas indicando uma região desse território.

Aqueles que se dizem afropeus e que falam línguas tão diversas quanto o francês, o norueguês, o alemão ou o inglês, propõem uma visão não atrelada a um espaço nacional, ainda que não neguem seu pertencimento a ele. A denominação é excelente desse ponto de vista, mas é importante analisá-la. Pode-se questionar a validade de um termo que apaga qualquer referência à nação, mas deve-se ver isso como uma ambição. Dizer afropeu não significa dizer senegalês-francês. Não significa dizer afro-francês. É ver além, é abarcar algo muito maior que isso.

Foram vozes de artistas que me revelaram a Afropea. O ano de 1991, quando cheguei à França, foi também o ano do lançamento do primeiro disco do grupo belga Zap Mama, cuja fundadora, Marie Daulne, e sua irmã, Anita, se apresentavam como afropeias. *Adventures in Afropea vol. 1*, o álbum da banda, é o mais famoso da trilogia idealizada por Byrne. A abordagem do Zap Mama consiste em reabilitar as culturas subsaarianas, em fazer com que os mais antigos criadores dessa parte do mundo sejam vistos como tais, e em misturar elementos musicais emprestados de diferentes continentes. Zap Mama busca expressar uma singularidade afropeia e continua sendo pioneira nesse campo.

É impossível falar sobre o surgimento da palavra "afropeu" no espaço francófono sem mencionar Marie e Anita Daulne. Embora não tenham produzido um discurso teórico propriamente dito, uma profunda reflexão alimentou o trabalho delas. Nascidas na África Subsaariana, criadas na Europa desde a infância, elas parecem ter recebido da mãe congolesa uma forte herança subsaariana, especialmente no que diz respeito à educação das mulheres. Graças a isso, elas se sentiram mais ricas, mais fortes do que os europeus que não tiveram o privilégio de ter uma ascendência subsaariana. Para Marie, a sensibilidade transmitida por sua mãe contém o antídoto para as patologias mentais da Europa, libertando o indivíduo do peso e da rigidez social. Em suas respectivas áreas — o palco para uma, o ensino do canto para a outra —, as irmãs Daulne procuraram elaborar uma soteriologia por meio da música, tanto para si mesmas quanto para todos. Nos anos 1990, o termo "afropeu" se consolidou nos meios musicais onde nasceu. Isso, no entanto, não necessariamente deu lugar à expressão clara dessa especificidade identitária ou à valorização de um patrimônio cultural particular. Quando havia referências, elas não eram afropeias. Pode-se ver nisso um desconhecimento da história da presença afrodescendente na Europa e, portanto, um tratamento *in absentia* um tanto acidental. A ignorância desses artistas em relação a um passado afropeu reflete a dissimulação, por parte das sociedades europeias, de uma parte de sua própria história. A ausência de temáticas estritamente afropeias também pode ser vista como uma forma de indicar que elas não existem, que o ser é o sujeito, que se trata, acima de tudo, da condição humana. Sem dúvida, a verdade está aqui e também em outros lugares.

Em 1995, o grupo de rap inglês Cash Crew lançou um álbum intitulado *From an Afropean Perspective*. O disco saiu na França pelo selo Vogue. Sua apresentação na *Les Inrockuptibles*[22] começava com a seguinte frase: "Alegando que as comunidades negras estabelecidas nos diferentes países da Europa têm mais em comum entre si do que com seus compatriotas nacionais, Cash Crew formulou o conceito de afropeu" (Conaré, 1995, tradução nossa).

O autor do artigo estava defasado em relação à gênese do termo, mas as motivações do Cash Crew que ele relatava são relevantes. Nesse contexto, Afropea relega a segundo plano o território nacional, privilegiando a rede humana que dá sentido a essa etnicidade. O que importa é a vivência particular dos afrodescendentes na Europa. As trajetórias históricas variam, já que alguns países foram potências coloniais e outros não. Porém, uma semelhança permanece: o afropeu é privado de representação num país que, por mais que seja o seu, se apresenta ao mundo sem mencioná-lo, sem lhe permitir que o incorpore. Para seus compatriotas de ascendência exclusivamente europeia, o afropeu é um estrangeiro, forçado a justificar sua presença entre eles, sua própria existência. Além disso, ele carrega outra herança cultural e não deseja abrir mão dela. Ainda que esse patrimônio sobreviva nele apenas como vestígios, já que nem todos os pais o transmitiram da mesma forma, a consciência de suas particularidades o impulsiona a se construir de maneira alternativa, ou até mesmo transgressora.

A França tem dificuldade em compreender isso. Lá, as imigrações europeias são comparadas com as provenientes das antigas colônias, deplorando que estas se mostrem resistentes à assimilação. Alguns apontam culturas subsaarianas particulares, cuja natureza impediria a integração (Lagrange, 2010). Para além do fato de o capitalismo mirar todos os povos do mundo e de os subsaarianos fazerem parte das hordas que ele quer expulsar de seus países, a história colonial singulariza esses trajetos. Os subsaarianos não escolheram a República

---

22 N.T.: Revista francesa lançada em 1986 que inicialmente tratava de assuntos ligados ao rock, mas que depois de algum tempo passou a falar também de cultura e política.

francesa; foi ela que se impôs sobre eles, praticando rapidamente um tipo de colonização que não se limitava ao comércio ou à exploração de recursos desses territórios distantes, mas visava aumentar seu próprio território. A França transformou suas colônias em uma extensão de si mesma.

Esses países, que construíram do zero, eram a França. Não vamos retomar aqui as modalidades concretas de apropriação dos espaços e das pessoas, pois seria um assunto extenso, já que cada um dos países envolvidos tem uma história francesa totalmente singular. A da Costa do Marfim é diferente da de Camarões, e assim por diante. Meu ponto aqui é o seguinte: para quem deseja dominar a longo prazo, a violência — física, psicológica — por si só não basta. Para ter sucesso na empreitada, também é preciso dominar as mentes, infiltrar-se na cultura. Levar o agredido a colaborar ativamente com a própria desgraça. Foi com esse objetivo que o colonizador criou uma elite próxima da sua, educada na escola colonial. Ela recebeu trabalho e uma posição invejada pela massa. Pelo conforto de que desfrutariam e pelo estilo de vida que adotariam, os burgueses colonizados passariam a promover a cultura colonial. Seu único objetivo seria o de se assemelhar aos seus senhores. O empenho que dedicariam a isso estaria alinhado com os esforços do colonizador para produzir em todos o desejo pela França.

Sei do que estou falando, pois estive na linha de frente observando o fenômeno e me recusei a cursar o sexto ano no liceu francês quando meus pais me propuseram isso. Eu já tinha percebido a profunda mudança de comportamento de uma prima que, alguns anos antes, ingressara na escola francesa. Desde então, sentada à direita de Deus, ela mal dirigia a palavra às minhas irmãs e a mim, embora tivéssemos passado a infância umas na casa das outras, já que éramos vizinhas. Eu tinha dez anos, mas já conseguia perceber o que estava errado, qual era o drama íntimo dessa casta superior. Essa burguesia colonizada, que constitui uma representação do Norte no Sul, está presente em todos os países subsaarianos. Até agora, sua quase aculturação lhe garantiu ocupar as melhores posições. Além disso, os subsaarianos já estão acostumados a ver seus dirigentes saquearem suas riquezas para enviar ao exterior o capital desviado, investindo no mercado imobiliário francês, dilapidando-o em produtos de luxo franceses. Vendo isso, é compreensível que alguns se sintam atraídos por esse destino. Eles foram condicionados a isso.

A perspectiva afropeia concebida pelo Cash Crew estava mais próxima da invenção à qual a África Subsaariana do nosso tempo deve se submeter do que da exumação de um passado ancestral desdenhado pela Europa. Aceitar a ideia de serem mutantes identitários, de não poderem ser reduzidos a nacionalidades perturbadoras. Não foi fácil seguir esse processo, ao mesmo tempo político e poético, numa sociedade europeia hostil. *From an Afropean Perspective* foi o segundo e último álbum do Cash Crew antes de seus integrantes se separarem. Na França, foi a dupla Les Nubians que popularizou o termo "afropeu". Hélène e Célia Faussart se apresentavam como afropeias, o que a França da época não compreendia. Seu primeiro álbum, *Princesses nubiennes* (1998), ganhou um disco de ouro nos Estados Unidos.[23] Elas foram indicadas ao Grammy Awards na categoria Best Urban/Alternative Performance. Embora os estadunidenses desconheçam a língua francesa, uma mensagem foi veiculada através do estilo musical, das parcerias com celebridades e das figuras históricas mencionadas nas músicas. A aparência das artistas também foi um recurso para alcançar um público em busca de performances visuais de identidade. Les Nubians representavam o imaginário que se revela em suas letras. Assim como os demais artistas afropeus, elas admitiam ter sido influenciadas pela América negra, pois a França fornecia poucos modelos para seus afrodescendentes. Durante a

23 Seria desonesto afirmar que Les Nubians foram rejeitadas pelo público francês ou pelo meio musical de seu país unicamente por serem negras. A verdade, mais complexa, com certeza tem a ver com uma proposta excessivamente afrocêntrica no início. Mas é possível lembrar da parceria delas com Jean-Louis Aubert ("Univers", 1998), um artista de destaque. Vale recordar que os anos 1990 viram surgir na cena francesa outra dupla de mulheres negras que fizeram imenso e merecido sucesso com músicas pop soul cantadas em francês. Laura e Chris Mayne, as martiniquenses da banda Native, ganharam o troféu revelação do ano no prêmio Victoires de la Musique, em 1994. O primeiro álbum delas (*Native*, 1994) atingiu a marca de 400 mil exemplares vendidos na França.

juventude, elas foram expostas a imagens afro-americanas, que eram mais recorrentes, mais atraentes, mais valorizadas do que as representações afropeias.

Desde Zap Mama, Cash Crew e Les Nubians, muitos outros artistas adotaram o termo "afropeu", seja para definir sua identidade, seja para qualificar o estilo de suas criações. Na França, a dupla DjeuhDjoah & Lieutenant Nicholson diz que sua música é afropeia. O belga Baloji se define como afropeu. Outras áreas da criação não ficam de fora. Na França, Eva Doumbia dirigiu *Afropéennes*, uma peça dedicada às mulheres afrodescendentes da França continental, um espetáculo concebido a partir da associação de dois textos de minha autoria. Eva Doumbia também é a idealizadora do Massilia Afropea, um festival marselhês voltado para as criações artísticas e para o estilo de vida afropeus. Fora da França, o meio cultural também se interessa por essa noção. Em setembro de 2014, um festival austríaco intitulado Afropea Now! explorou as identidades afropeias e as produções culturais feitas por essas pessoas. Em junho de 2019, e depois em fevereiro de 2020, o KVS — teatro flamengo de Bruxelas — recebeu *Afropean / Human Being*, a primeira peça escrita pela poeta inglesa Sukina Douglas.

O meio universitário não tardou a se apropriar do termo. O interesse por essa nova categoria de afrodescendência tem gerado trabalhos e jornadas de reflexão, como o colóquio Afroeuropeans Conference, criado em 2006. Desde 2009, ele é realizado a cada dois anos por pesquisadores e artistas de diferentes países da Europa. As redes sociais e o universo digital em sentido amplo também refletem essa sensibilidade. Nessa perspectiva, é preciso citar *Afrøpean — Adventures in Black Europe*, o jornal multimídia do fotógrafo Johny Pitts. Como outros, Pitts — cujo pai é afro-americano e a mãe, inglesa — adota uma compreensão da Afropea que se isenta de estabelecer uma relação imediata com a África Subsaariana. Trata-se, sobretudo, de destacar a vivência dos negros na Europa, como indica o subtítulo da revista digital. Na França europeia, essa abordagem pode ser associada às pessoas que têm laços caribenhos. É o caso de Marie-Julie Chalu, criadora da plataforma Afropea.

Como podemos ver, essa denominação está sujeita a uma dinâmica que, sem necessariamente tirar o foco dela, pode torná-la de difícil compreensão. Reitero aqui a definição apresentada no prefácio, não com a intenção de fixar o que não pode ser fixado, mas para insistir nas particularidades da construção de si mesmo — na infância ou na adolescência — em situação de minoria, num espaço que tem a liberdade de se apresentar ao mundo sem mencionar a presença afrodescendente. Não apenas porque essa presença foi silenciada ou até apagada, a exemplo de certos países da América Latina como a Argentina, o México ou o Peru, mas porque o território correspondente tem, de fato, uma longa história que não inclui de modo significativo as pessoas de ascendência subsaariana.

A URGÊNCIA FRANCESA

Na França, os movimentos nacionalistas mais radicais, frequentemente liderados por indivíduos cuja juventude é surpreendente, preconizam o apelo ao comunitarismo branco e defendem uma divisão territorial que possibilite uma separação racial definitiva. Nesse contexto, a Afropea tem algo a dizer. De fato, é também sua presença, cada vez mais assumida, e suas conquistas sociais — ainda que pouco numerosas — que provocam um desconforto naqueles que fazem da raça seu capital primordial e seu último refúgio. Alguns discursos e representações, difundidos durante muito tempo, lhes garantiam a inferioridade dos subsaarianos e afrodescendentes, o que lhes conferia poder. Uma parcela da juventude branca francesa vomita o modelo de sociedade que os mais velhos lhe propõem. Agrupada em movimentos identitários como o Suavelos (Sénécat, 2019), ela brada a recusa à mistura, a oposição à francofonia (que a obriga a compartilhar sua língua), a convicção sobre a superioridade dos brancos.

A agitação desses jovens que se armam depois da batalha não deixa ninguém indiferente. O futuro bate à porta, e eles estão lutando na retaguarda. Pode-se encontrar uma espécie de poesia ao vê-los dançar com espectros, sonhar com uma França que já havia dado o último suspiro antes mesmo de eles lançarem o primeiro grito. Suavelos significaria, ao mesmo tempo, *bem-vindo* e *boa viagem* na língua dos gauleses. Supomos que os fundadores da organização queriam batizá-la com um nome que proclamasse o caráter ancestral da presença branca em solo francês. Entendemos também que, como a língua morta de seus antepassados celtas lhes era desconhecida, tiveram de se agarrar aos ramos mais recentes para marcar essa filiação. O nome escolhido ilustra o caráter patético da iniciativa e leva a especulações pouco favoráveis quanto ao futuro desse grupo. É possível imaginar, por exemplo, que Vidas Negras Importam fosse batizado como "E aí?" ou "Vai com calma"? Penso nessa referência porque me parece que Suavelos deseja lembrar que a vida dos brancos não deveria ser considerada insignificante. A situação seria a seguinte: os franceses de ascendência exclusivamente europeia estariam agora obrigados a passar despercebidos, não seriam vistos nem ouvidos em lugar nenhum, vítimas de uma grave discriminação. Suavelos aponta sobretudo para um flagelo contra o qual é preciso resistir, na esperança de mais tarde combatê-lo de forma mais eficaz, quando os brancos, conscientes da tragédia que os aguarda, seriam mais numerosos e desinibidos.

Esse mal que corrói as sociedades ocidentais, mas principalmente a francesa, tem um nome: o esquerdismo globalizado. Pode-se resumir assim esse problema, cujas ramificações incluem o antirracismo, o feminismo, a aceitação das sexualidades marginalizadas, mas também o internacionalismo, visto como uma forma de apatridia característica de uma elite favorável à invasão migratória. Para esses novos militantes, a direita francesa seria essencialmente antirracista e até mesmo o Rassemblement National[24] não estaria muito distante do esquerdismo. Poderíamos acrescentar outros elementos ligados ao liberalismo econômico, por exemplo, mas os mencionados aqui sintetizam bem o problema que Suavelos e seus aliados prometem enfrentar até a vitória ou até a extinção. Pelo menos sairiam de cabeça erguida. Para dizer a verdade, isso seria louvável. Seria possível até vislumbrar um certo ar de elegância se o patriotismo e o amor pelos seus não encontrassem tanto sua origem como sua expressão mais completa na rejeição do outro.

Esses jovens não são apenas racistas fervorosos. São também supremacistas que não hesitam em evocar — nos dias em que a ideia de partição lhes surge em toda sua gloriosa estupidez — a guerra tecnológica para combater a invasão colonial. Vale se perguntar de onde viriam os metais necessários para produzir os instrumentos letais destinados a erradicar de uma vez por todas os humanos nocivos. Gostaríamos de questioná-los sobre as razões pelas quais a superioridade dos brancos em todos os aspectos não os impede de ser colonizados pelos condenados da terra. É curioso que povos inferiores, com um

---

24 N.T.: Traduzido em português como Reagrupamento (ou Reunião) Nacional, é um partido político francês de extrema-direita, fundado em 1972, e conhecido desde 2018 pelo nome de Front National [Frente Nacional].

patrimônio genético duvidoso e um baixo quociente intelectual, representem uma ameaça para semideuses apavorados com o avanço de um crepúsculo mestiço sobre eles.

Eis a posteridade atual dos conquistadores: assustada, perdida, ansiosa por refazer, em sentido inverso, o caminho que levou seus ancestrais ao saqueamento do mundo. Será que é para os filhos que Deus reserva o castigo do pai?[25] A questão bíblica atormenta aqueles que agora percebem que a ambição de se apropriar do mundo os condenava a se tornar sua propriedade, e que seus antepassados se lançaram outrora num caminho sem volta. Não apenas porque quiseram se espalhar por todos os cantos do planeta, tomar posse do menor milímetro quadrado, mas também porque criaram para si mesmos necessidades cuja satisfação é impossível sem os recursos de outros territórios e de outros povos. A ocidentalização do mundo teve um preço: a presença do outro dentro de si, para sempre.

Quem se imagina hoje sem as mercadorias coloniais como o café, o cacau e o chá? A primeira refeição do dia, inclusive nos lares dos nacionalistas mais convictos, consagra a profunda incorporação do outro em si. Foi na época das conquistas europeias e da escravização que os produtos coloniais passaram a integrar o cotidiano dos franceses e logo se tornaram indispensáveis. Eles se naturalizaram a tal ponto, que nos esquecemos dos seres humanos explorados à distância para a obtenção dessas iguarias. Em 1792, os parisienses mais modestos invadiram os armazéns de açúcar dos comerciantes, saqueando-os. Em nenhum momento pensaram nos insurgentes de São Domingos — que mais tarde se tornaria o Haiti —, cuja revolução, iniciada em 1791, foi a causa da escassez e do aumento dos preços. Ainda assim, o corpo invisível dos escravizados, seu sofrimento e os recursos que eles mobilizam para resistir à violência que lhes é infligida são consumidos junto com o açúcar. Desde então, a carne de uns está sempre se misturando à de outros. Esse processo é muito mais profundo do que o cruzamento sugerido pela acepção original do termo "mestiçagem".

---

25 Jó, 21:19.

Os parisienses de outrora não eram piores do que os de hoje, que se aglomeram ao amanhecer diante das Apple Stores, sem sequer pensar nos congoleses cujo trabalho, e muitas vezes a morte, impregna os mais modernos dispositivos tecnológicos. Mesmo disfuncional e assimétrica demais, a relação entre os povos já foi estabelecida. Não é o encontro desejado, mas sua realidade é indiscutível. Queixas e protestos não vão mudar nada.

Orânia, a cidadezinha exclusivamente africâner fundada após o fim do apartheid, é um ideal para os membros do Suavelos. Talvez eles consigam alcançar isso, desenterrar, em algum lugar, um buraco para se esconder, onde poderão se poupar de serem importunados. Mas terão de encontrar esse paraíso branco fora da França, em algum país que não tenha escravizado tantos subsaarianos nem colonizado boa parte do planeta. Esses neonacionalistas pouco afortunados não hesitam em quebrar seus cofrinhos para fazer doações a Orânia. Enquanto esperam para construir sua réplica dessa cidade racialmente pura, eles sonham com a Hungria ou com os países bálticos, já que a Europa Ocidental se contaminou ao acolher aqueles que ela continua saqueando sem remorso.

Essa nova corrente nacionalista é surpreendente. Ela surge entre pessoas oriundas do grupo majoritário, que adotam, em seu país, um comportamento mais recorrente entre as minorias. Por ser mais expressiva do que a menção a apenas uma de suas facções poderia sugerir, essa nova tendência nacionalista permite vislumbrar, na França e na Europa, um futuro marcado, no melhor dos casos, por segregações, e, no pior, por confrontos. Não me refiro aqui aos atritos necessários para evoluir, nem àquelas conversas que a sociedade ainda se recusa a ter, pois a simples referência à sua história colonial já é vista como uma tentativa de culpabilização. Refiro-me a uma situação incendiária, porque ninguém mais está disposto a oferecer a outra face, nem mesmo a estender a mão, em muitos casos. A França já está implodindo.

A rejeição do outro, o racismo explícito, não vão suscitar as reações mais amigáveis. O fracasso da humanidade está se delineando no horizonte. O grupo majoritário, no qual prospera um pensamento de extrema-direita normalizado pelos políticos e pela mídia, não poderá exigir das minorias a altivez de visão que lhe falta, o desejo de fraternidade ao qual ele mesmo renunciou. Para contribuir para mudar esse destino e abrir novos caminhos, é preciso ir além dos pensamentos sobre hibridação e mistura a que estamos acostumados. É preciso introduzir mais radicalidade no processo, parar de desconstruir e afirmar que o que precisamos é construir algo diferente. A questão é tão urgente quanto a do clima, que não é apenas uma crise: ela não vai passar, é a nova condição do mundo à qual devemos nos adaptar, salvando o que ainda pode ser salvo.

O planeta não precisa de nós. O que expressamos através da questão da ecologia é a preocupação de manter a Terra habitável para nós. Qual é o verdadeiro interesse se as relações de dominação e de espoliação continuam as mesmas? Se a recusa em reconhecer nossa própria humanidade na do outro ainda persiste? As relações entre povos e comunidades, a maneira como a história colonial pode finalmente ser superada, são questões cruciais a serem abordadas pelas sociedades envolvidas, mas também pelas outras, que continuam a influenciar e a compartilhar o mundo.

Com minha interpretação sobre os significados de Afropea, não pretendo fornecer um programa pronto para sair da crise. Esse manual de sobrevivência, essa ferramenta de superação das amarguras e dos ressentimentos fermentados, será criado através do diálogo entre novos pensamentos. Nenhum dos artistas mencionados anteriormente foi consultado. Como nenhum deles produziu mitos — no sentido de representações simbólicas, artísticas — ou teorias sobre o assunto, não me pareceu pertinente consultá-los. Esses artistas também não valorizaram a memória afropeia, que, apesar de tudo, está bem documentada, desde que se faça o esforço de ler as obras dos pesquisadores, de se interessar pela presença de pessoas de ascendência subsaariana na França europeia antes do século 19 e da colonização da África. A imaginação dos criadores afropeus da França não foi provocada por figuras como a de Mauresse de Moret (La Mauresse [...], 1969)[26] ou as dos soldados negros do marechal de Saxe (Corvisier, 1968). *Le rapt de la négresse*[27] (1632), pintura de Christiaen van Couwenbergh adquirida pelo Museu de Belas-Artes de Estrasburgo, não chamou a atenção. A visão de um quadro como o de *Madeleine de la Martinique et sa mère* não suscitou nenhuma proposta artística. Pintada por Le Masurier em 1782, Madeleine é uma garotinha negra com vitiligo. Ela é apresentada na companhia da mãe, uma jovem escravizada ou serviçal, atenta aos primeiros passos do bebê. Esse quadro impressionante pertence ao Museu de História Natural de Paris. A localização dessa obra, por si só, daria margem a coisas sobre as quais falar ou escrever.

A razão pela qual os criadores afropeus desprezaram certas figuras até um período recente certamente está na proximidade de toda a sociedade imperialista e racista com o ambiente escravocrata, do ponto de vista dos atentados à psique e, portanto, da relação que se estabelece com a história.

> Muitos escritores do Caribe enfatizaram isso (Naipaul, Chamoiseau, Damas etc.): os crioulos, marcados pela escravidão e pelo desprezo de si mesmos que essa instituição lhes incutiu, têm dificuldade para se relacionar com seu passado sem sentir vergonha ou rancor; isso quando simplesmente não o reprimem (Bona, 2016, p. 48, tradução nossa).

É possível imaginar que um mal-estar da mesma natureza impediu os afropeus de se apoderar de figuras que, aos olhos deles, encarnariam a decadência. Reapropriar-se dessas figuras seria enfrentar a

---

26 N.T.: Mauresse de Moret foi uma freira negra que viveu no século 15. Ela teria sido filha biológica do rei Luís XIV com uma amante negra ou, mais provavelmente, filha da rainha Maria Teresa com um serviçal africano.

27 N.T.: Em tradução livre, *O rapto da negrinha*. O quadro está hoje exposto no Museu de Belas-Artes de Estrasburgo, na França. Muitas das análises do quadro destacam a figura retratada à esquerda, que olha para o espectador como se o convidasse a testemunhar a violência sexual prestes a ser realizada contra a mulher negra, que traz no rosto uma expressão de desespero.

história escravagista do país. As pessoas de ascendência subsaariana que poderíamos encontrar na França europeia antes da colonização da África frequentemente carregavam consigo a história da escravidão. Nem a Madeleine do Museu de História Natural nem a do Louvre eram vistas como ascendentes legítimas, por isso foram relegadas ao silêncio. Para a mente de um escritor, o mistério que envolve essas personagens convidaria a preencher as lacunas da narrativa francesa. Por meio da escrita inventiva, talvez não se revelasse a verdade factual de destinos desconhecidos, mas outros viriam à tona.

Muitos artistas afropeus optaram pelo caminho mais fácil, voltando-se unicamente para a África, abundante em reis e rainhas. Tendo abandonado a perspectiva afropeia, muitos vivem sua etnicidade como um pertencimento sem história nem discurso próprio, uma espécie de africanidade exilada na Europa, um ser negro envergonhado de sua parte europeia. Essa situação pode ser facilmente explicada. A França praticou por muito tempo um racismo cordial, não explícito, alimentando nossa esperança de ser aceitos, desde que não se insistisse demais nessa história de povo que sofreu muito. A admissão no grupo se limitaria à posição subalterna de mascote, de parceiro intocável, de camarada um pouco atrasado a quem caberia civilizar, de representante da hipersexualização negra transmitida de geração em geração, produzindo contingentes de garanhões a serem montados, de tigresas a serem domadas. Era preciso se mostrar simpático e engraçado, viver seu ser negro sem consciência de sua natureza política, como uma característica física sem maior significado, comparável a ter pés chatos, nariz proeminente ou um corpo robusto. Era necessário silenciar diante das piadas racistas para não ofender os que riam de bom grado, porque, afinal, era tão engraçado. Permitir-se ser ridicularizado seria o único meio de existir entre os outros. Não exatamente no meio deles, mas ao lado, o que já era alguma coisa. Era preciso ouvir que *não somos como os outros* e que, portanto, as piadas não nos diziam respeito, pois, ao conviver com os seres superiores dos quais éramos amigos, já tínhamos quase alcançado a humanidade.

E nos comportamos assim, tendo internalizado também as injunções sociais com que nos deixávamos facilmente enganar, aliviados por fazer as pessoas rirem e ofenderem somente a nós mesmos. Hoje, revemos com espanto o esquete do grupo Les Inconnus,[28] no qual Pascal Légitimus, que é quem é e tem a aparência que conhecemos, apresenta um telejornal sul-africano. Maquiado para parecer negro, inflando os lábios para destacar seu avermelhado entre as palavras, o humorista adota um sotaque subsaariano inexistente na África para anunciar a libertação de Nelson Mandela. No ambiente que produz isso, que conduz a esse tipo de negação de si mesmo, é normal que os afropeus tenham recuado diante da tarefa que lhes destinaram: conhecer sua história francesa, falar dela e institucionalizá-la, antes de tudo, para si mesmos. O racismo cordial é um artifício que evita a necessidade de insultar diretamente as pessoas. Ao contrário do racismo explícito, que obriga a se afirmar, o tipo de racismo praticado na França, com sua ambivalência, sua astúcia, sua política de que mais vale um pássaro na mão do que dois voando, aniquilou as defesas das pessoas. As batalhas já estariam fadadas ao fracasso, pois a sociedade preparou tudo para que estejamos sempre sozinhos para enfrentá-las. E esse é o verdadeiro significado da exigência de se desvincular de qualquer pertencimento comunitário, o que se aplica apenas às minorias oriundas da história colonial. Dar o melhor de si para *não ser como os outros*, para dissipar a sombra da tribo vingativa que se poderia carregar consigo.

Mesmo sem serem supremacistas fervorosos — algo inútil num contexto em que o racismo atinge tal nível de sofisticação —, os membros do grupo majoritário são guiados por uma visão de mundo dominadora, afetados por um inconsciente racial que vem à tona assim que seus privilégios parecem ameaçados. A Liga do LOL[29] ofereceu

---

28 N.T.: Trio de comediantes franceses que fez muito sucesso nos anos 1990, sobretudo com esquetes de humor reproduzindo um jornal televisivo.

29 Desde então, grupos privados que reúnem milhares de policiais racistas e supremacistas foram descobertos nas redes sociais.
N.T.: Trata-se de um grupo fechado do Facebook, criado em outubro de 2010 pelo jornalista Vincent Glad, que reúne blogueiros, jornalistas, publicitários e afins para fazer piadas de cunho sexista, antissemita e homofóbico.

um claro exemplo disso com seus ataques racistas, numa França onde a rejeição ao outro já não faz questão de usar disfarces. Esse episódio do tão celebrado *viver juntos* ao menos serviu para compreender que as minorias francesas não se colocam como vítimas quando denunciam o racismo que também se espalha entre as pessoas de esquerda. Normalmente, com essas pessoas, a reação é de condescendência e paternalismo. Estamos entre aqueles que outrora tinham amigos intocáveis. A era Sarkozy deu vazão às falas e aos comportamentos racistas, deixando de lado qualquer cordialidade, pois os agredidos já não sonham em ser as mascotes ou o amigo simpático. Eles respondem, se defendem, exigem, pronunciam palavras como: negrofobia, supremacia branca, perfilamento racial, apropriação cultural... E aí as máscaras caem.

Com a Liga do LOL, ficou comprovado que, para alguns, se declarar de esquerda é apenas um meio de pregar a moral aos outros. Aqueles que agem dessa forma não acreditam nos ideais que professam nem os praticam. Essa retórica só lhes serve para ocupar espaços que lhes foram tomados em outros lugares. Eles estão onde o poder lhes é garantido e pretendem conservá-lo. Os membros da Liga do LOL se cooptaram mutuamente dentro das empresas em que trabalhavam, tiveram acesso a cargos importantes, e todas e todos são brancos. O comunitarismo de que as minorias são frequentemente acusadas é aqui revelado, já que se tratava de estabelecer e preservar um espaço exclusivo, que também era racial. O caso é frequente, é quase uma espécie de regra não escrita, num país que detesta ouvir falar de racismo sistêmico, mas que demonstra diariamente sua competência no assunto.

Se fosse perguntado aos franceses de ascendência exclusivamente europeia, de qualquer categoria social, quantos colegas eles têm entre as minorias, cada um perceberia do que se trata. Quando você é colunista de um grande veículo de comunicação, a faxineira não é sua colega. A Liga do LOL não é um fenômeno *sui generis*. Ela não surgiu do nada. Foi um sistema que a produziu. Um ambiente regido pelos desmandos da força masculina, por hierarquias de raça, de classe, de gênero. Uma sociedade regida por um tropismo colonialista. Inclusive nos círculos que se autodenominam de esquerda. Os atiradores de elite da internet eram insuspeitos. Estavam na vanguarda do que era considerado *cool*, esta era justamente sua função, sua missão na vida: ser os grandes orquestradores das tendências a seguir. Contudo, algo fermentava dentro deles, algo que mais cedo ou mais tarde iria transbordar e fazer explodir o progressismo de fachada. Algo como um excesso de ocidentalidade que a presença da Afropea, ao se afirmar no plano epistêmico nas redações descoladas da imprensa parisiense, transformou em estilhaços.

UM PENSAMENTO PÓS-OCIDENTAL

A Afropea, cujo nome indica claramente que ela se pretende pós-nacional, parece ocidental, devido ao perfil do inventor da palavra e do espaço no qual essa etnicidade se desenvolve. Mais adiante explicarei por que essa leitura é incorreta, mas, entre outros motivos, é por ser percebido como uma renúncia de uma parte da negridade (*noirie*)[30] que esse nome não requer nenhum consentimento. A designação é rejeitada pelos nacionalistas culturais, subsaarianos e afrodescendentes, que a interpretam como uma forma de se dissociar da África, de reivindicar um multipertencimento com o único objetivo de apagar o estigma histórico daqueles que afirmam pertencer a ela. A Afropea seria, portanto, uma manifestação do ódio por si mesmo, a exposição de um complexo identitário. Atualmente, entre os subsaarianos e afrodescendentes, há racialistas convictos, de altas esferas do essencialismo, que omitem um pouco depressa que essas concepções não fazem parte da visão de mundo desses ancestrais subsaarianos que eles cultuam.

Se a África pré-colonial tivesse adotado uma definição de seres humanos baseada na cor da pele, isso teria forjado uma fraternidade racial, que teria levado à identificação de inimigos comuns durante as conquistas coloniais. Não somente isso não aconteceu, como houve inúmeros casos em que as pessoas não hesitaram em se aliar aos europeus contra outros subsaarianos. Afinal, o vizinho, que não falava a mesma língua e dava outro nome à divindade, não era mais negro do que nós mesmos. Porque o parentesco se baseava em outros critérios. Os afrodescendentes que criaram a Libéria sob a liderança da American Colonization Society não se identificaram com os habitantes do território, que, por sua vez, não se reconheceram

---

30 Termo irônico, ainda que afetuoso, que uso também em meus romances. Inspirei-me no termo *Negrohood*, saboroso neologismo que encontrei nas obras da escritora afro-americana Zora Neale Hurston.
N.T.: Como não encontramos o termo em outras traduções dos livros da autora para o português, optamos aqui pelo uso de "negridade", mas mantendo o termo original entre parênteses, para que o leitor possa ter acesso aos usos dessa palavra no contexto original, caso se interesse pelo tema. A nosso ver, nenhuma criação do termo em português corresponderia plenamente a seu verdadeiro significado no original.

neles. O desfecho é conhecido: a história de reencontros impossíveis que, algumas gerações mais tarde, acabaram resultando em guerra. As designações "negros" e "africanos" refletem uma refundação pela colonização das infraestruturas identitárias ao sul do Saara. Elas não têm qualquer pertinência para descrever o período pré-colonial e não podem oferecer uma compreensão convincente da vivência subsaariana do passado. Os defensores da pureza identitária interiorizaram a tal ponto os conceitos coloniais, que já não são capazes de conceber um projeto de libertação sem recorrer às ideologias da extrema-direita ocidental. Sua lógica está para o pensamento subsaariano assim como o wax[31] está para os têxteis produzidos no continente: uma fabricação europeia tão bem assimilada que se confunde com o patrimônio ancestral que acabou por suplantar.

É claro que a negritude passou por aí. Essa necessária revalorização de culturas e povos colonizados, que ela se comprometeu a realizar, seguiu na direção de uma adesão ao pensamento racial. Para conceber a ideia de negritude, era preciso aderir à noção de raça, conceder-lhe uma validação sólida. A afrocentricidade também passou por aí. O compromisso que ela assumiu de levar os subsaarianos e afrodescendentes a se colocar no centro de suas narrativas é louvável e salutar. Todavia, a forma como o fez pode ser questionada. Os pressupostos raciais foram considerados evidências, projetados nas representações das civilizações subsaarianas do passado, sem nenhuma consideração pela visão que aqueles que as criaram tinham de si mesmos. Sem um conhecimento preciso desses dois movimentos, que não são os únicos desse tipo no mundo afro, é comum encontrar ao menos algumas manifestações deles. Esses pensamentos surgiram na Europa ou nos Estados Unidos, onde o racismo é cotidiano. Onde o desprezo é comum. E, nos dois casos, foram concebidos por indivíduos desvinculados de suas raízes subsaarianas. Em relação à negritude, o sociólogo camaronense Jean-Marc Ela (1980, p. 146, tradução nossa) diz que:

31 N.T.: Tecido africano de algodão, com um acabamento de cera que lhe confere um suave brilho.

> [...] os traços pelos quais a identidade africana é aqui definida pertencem a um legado de ideias transmitidas na cultura ocidental. De certo modo, as fontes da "negritude" são europeias. [...] A negritude aparece como um movimento "pequeno-burguês" para intelectuais divididos entre a cultura europeia e a tradição africana; ela revela o drama das elites em ruptura com o mundo africano real.

Essa crítica mordaz não foi a única. Muitos outros autores subsaarianos denunciaram essa abordagem. Todos se lembram da tirada de Wole Soyinka: o tigre não proclama sua *tigritude*, ele salta sobre sua presa e a devora. Para esse escritor subsaariano anglófono, as proclamações identitárias dos autores da negritude não tinham muito sentido, uma vez que não manifestavam a identidade que tanto se queria exaltar. Seria mais consistente ser, em vez de gastar energia dizendo o que se pensava ser. A produção de contradiscursos tem algo de pernicioso, pois gera uma reclusão na colonialidade, da qual acaba se tornando um componente. Trata-se de uma marronagem[32] de fachada, porque perpetua o degradante corpo a corpo que é a relação com o opressor. Uma batalha incessante da qual nunca saímos vencedores.

Tentar desconstruir o sistema dominante ou responder a ele é como pretender curá-lo de si mesmo. Essa abordagem tem o objetivo de amenizar a permanência na *plantation*,[33] quando, na verdade, o colonizado deveria abandoná-la para se juntar ao quilombo, construir outro mundo. Ainda assim, insistamos no fato de que os subsaarianos anglófonos, também colonizados, que não produziram nada comparável à negritude, não foram os únicos a criticá-la. Muitas vozes subsaarianas francófonas também se levantaram contra ela. Citemos os filósofos Marcien Towa (1971) e Stanislas Spero Adotevi (1970), cujos

32 N.T.: A marronagem foi um fenômeno político de rebeldia e resistência de pessoas escravizadas que fugiam das *plantations* e construíam suas próprias comunidades, as quais no Brasil foram denominadas quilombos.

33 N.R.: Sistema de exploração colonial utilizado sobretudo nas colônias europeias das Américas entre os séculos 15 e 19. Baseava-se em grandes latifúndios, monocultura, trabalho escravizado e exportação de produtos primários para as metrópoles.

livros ainda são referências nesse campo. Lembremos também que os autocratas subsaarianos, inspirados pela negritude, se apoiaram no desejo de emancipação dos povos do continente, instrumentalizando seu aspecto identitário para desviar a atenção dos problemas cruciais que lhes eram impostos. Enquanto nos apaixonávamos pela autenticidade, pretendendo encontrá-la ou fabricá-la do zero, questionávamos pouco o regime vigente, que, aliás, se apresentava como restaurador da concepção tradicional do poder. Este gostaria que a palavra do chefe, e sua presença, não fosse contestada. Em outras palavras, para os chefes de Estados neocoloniais, a ditadura era uma característica cultural. É importante lembrar que a negritude teve adversários subsaarianos fervorosos, e que foi na África que esse pensamento foi mais violentamente criticado.

Da mesma forma, é entre os afro-americanos que encontramos as oposições mais veementes à afrocentricidade e ao nacionalismo cultural em geral. Numa obra intitulada *L'impossible retour*, o historiador afro-americano Clarence Walker (2004) expõe suas críticas a essa leitura da história. Ele refuta sobretudo uma apresentação idealizada da história africana e a falta de respeito pela experiência dos afro-americanos no país que ajudaram a construir. A maioria não questiona nem silencia sua americanidade. O fato de o país não os tratar corretamente é uma questão diferente; eles não se reconhecem como outros, não pensam em si como uma diáspora subsaariana na América. A história deles é também, e talvez principalmente, a de uma luta pelo pleno e total pertencimento à nação. Na época da segregação racial, eles cantavam com fervor "Lift Every Voice and Sing",[34] uma melodia conhecida como "Black National Anthem", hino nacional negro. Tratava-se de uma afirmação, certamente transgressora — já que não se cantava "The Star-Spangled Banner", o hino nacional dos Estados Unidos —, mas incontestável de americanidade. Ao mesmo tempo que se entoava esse hino subversivo, não raro, nos círculos negros integracionistas,

34 N.T.: Em tradução livre, "Eleve a voz e cante". Poema escrito em 1900 por James Weldon Johson, um homem negro de Jacksonville, na Flórida, Estados Unidos.

cantavam-se trechos nacionalistas como "America the Beautiful", interpretada pelos maiores artistas da comunidade, tais como Ray Charles, Whitney Houston e Aretha Franklin. Na complexidade da experiência vivida pelos afro-americanos, a energia contestatória nunca foi anulada, e a crítica ao sistema vigente nunca foi silenciada. Como indica o título de sua obra, Clarence Walker denuncia o fantasma de um retorno à África para aqueles que conquistaram o direito de estar em casa nos Estados Unidos e cujas lutas tinham como objetivo legitimar seu pertencimento a esse país. Quando Mary Fields, conhecida como Stagecoach Mary (The Life [...], 2014), conduzia sua diligência para entregar correspondências em plena América segregada, essa mulher, primeira funcionária negra dos serviços postais de seu país, não sonhava com a África. A história dos negros nos Estados Unidos está repleta de personalidades como essa, de pessoas cujo sonho era o mesmo de Langston Hughes, poeta do Harlem Renaissance, em seu célebre "Let America be America Again":

> Que a América seja de novo a América [...]
> Que a América seja esse sonho que sonharam os sonhadores...[35]

Não vendo seu sonho se concretizar, a pergunta do mesmo Langston Hughes, em seu igualmente famoso "What happens to a dream deferred?", os atormentava e, como ele, previram a explosão. Mas, em sua esmagadora maioria, o retorno à África não era um objetivo para eles. Essa é a experiência da massa afro-americana, aquela que a afrocentricidade considera tão pouco estimável. Mesmo em um movimento tão radical como o Nation of Islam, que defendia o separatismo e no qual Malcolm X forjou sua militância, o retorno à África não era preconizado. Aliás, inventaram um mito das origens que nada tinha a ver com ela.

Contudo, é importante entender o que gerou e depois alimentou esses pensamentos que se propagam cada vez mais.

35 Tradução nossa.

Atualmente, a afrocentricidade suscita um entusiasmo notável na África Subsaariana francófona, um espaço que deseja ardentemente concluir sua decolonização e onde as pessoas começam a perder a paciência. A negritude, por sua vez, já não é tão vivamente questionada pelos intelectuais. Como destaca Jean-Marc Ela, a negritude assimilou a visão eurocêntrica da África. Tratou-se, na verdade, de um pensamento ocidental incorporado. Ela operou, em certa medida, por meio de uma reviravolta do estigma, do mesmo modo que nos apropriamos de um insulto na esperança de neutralizar seu poder destrutivo. Essa neutralização nunca é efetiva, uma vez que não atinge o opressor, cuja visão permanece inalterada. Em vez de tentar esse caminho, seria mais conveniente dedicar-se à invenção de uma nova linguagem, cujos termos não estivessem contaminados desde o início.

A negritude fez o contrário, ao se apresentar a partir de uma palavra corrompida pela história. Uma palavra jogada na cara daqueles que se queria expulsar do gênero humano. Uma palavra que foi o último escarro que muitos receberam no rosto antes de perder a vida em um crime racista. Uma palavra impossível de arrancar da lama sangrenta na qual foi forjada. Nascida em Paris, num meio intelectual, a negritude não poderia ter surgido na África Subsaariana, onde as populações, embora colonizadas, não sofriam de nenhum transtorno identitário na época. Não era a elas que se dirigiam os escritos de autores daquele tempo, visto que, em sua esmagadora maioria, essas pessoas não tinham acesso a tais textos. Estamos falando de um período em que o francês era pouco falado, e menos ainda lido. Muitas pessoas, nas zonas rurais dos países subsaarianos, desconheciam até mesmo a nacionalidade que lhes havia sido imposta. Ela não fazia sentido. Para muitos, o nome África era desconhecido. E assim permaneceu até seus cadáveres serem enterrados.

Os escritores da negritude falavam da França para a França. Foi lá que primeiro eles foram publicados e lidos. Era lá que lhes importava instaurar uma presença africana. A qualidade literária dos textos não está em questão, tampouco seu poder consolador ou sua função combativa. Grandes autores surgiram nessa época. Devemos a eles um reconhecimento que a linguagem não saberia expressar, nós, os que tivemos o privilégio de lê-los na escola. Também lhes devemos o fato de terem iniciado brilhantemente a tarefa que nos cabe: fazer com que nossas experiências adentrem a consciência humana. Foi para nós uma sorte, um privilégio, receber deles palavras, representações que moldaram nossos imaginários e continuam a fecundá-los. Sua estética forjou nossas escritas atuais. Sua voz, pouco conhecida por grande parte de nossos leitores, irriga poderosamente a nossa, fluindo nas bases de nossos textos. Mas quantos éramos nós, nessa África cujos mapas reduzem a imensidão?

Os autores da negritude continuam sendo figuras tutelares. Já disse isso inúmeras vezes. O *Cahier d'un retour au pays natal*, de Césaire,[36] que descobri na escola aos 12 anos, foi meu primeiro impacto literário. Eu nunca tinha lido nada parecido. Não compreendia por que meus pais não tinham esse livro — nem qualquer outro escrito por um autor subsaariano ou afrodescendente —, quando nossa biblioteca era tão vasta. Esse texto me levou a buscar esses autores dos quais eu fora privada. Por sorte, os programas escolares de Camarões, na época, davam amplo espaço para as escritas subsaarianas e afrodescendentes, mas eu queria mais. Lê-los tornou-se uma necessidade, uma enorme obsessão. Esses escritores me formaram. Mas eles eram apenas humanos, seres sensíveis influenciados pelo contexto em que viviam. Os da negritude se adaptaram a um quadro político, sem realmente conceber outro. Poderíamos dizer o mesmo sobre muitos de seus contemporâneos. Eram colonizados vivendo num ambiente assimilacionista, ao contrário de seus pares nas colônias inglesas, que puderam assumir sua identidade com mais serenidade. Nunca se dirá o suficiente sobre o quanto o sistema colonial francês, que pretendia fabricar gauleses no Saara, foi prejudicial para a percepção de si. Ele criou tantos desequilíbrios e neuroses, que uma obra inteira

36 N.T.: Em português, *Diário de um retorno ao país natal*, de Aimé Césaire, publicado pela Edusp em 2012, com tradução de Lilian Pestre de Almeida.

não bastaria para explorar todas as implicações disso, sobretudo para aqueles que se tornariam intelectuais.

Os artistas ou pensadores mais radicais não escaparam da forma como esse sistema estruturou suas mentes. Foi assim que Cheikh Anta Diop intitulou *Nations nègres et cultures* (1954), aquele que continua sendo seu livro mais famoso. Ora, em nenhum lugar da África havia nações que se autodenominavam negras. O primeiro sinal de respeito aos povos deveria ser nomeá-los como eles mesmos o fazem. Essa definição racial não poderia ser uma preocupação num espaço habitado apenas por populações de pele escura.[37] Foi justamente por ter se interiorizado a visão racista propagada pela Europa que se tornou necessário negrificar esses ancestrais, cujas histórias e realizações bastavam por si mesmas. Não era deles que se queria falar, mas de si mesmo, e falar para a Europa, essa interlocutora única a quem importava provar não apenas a própria humanidade mas também a própria grandeza. A Europa tinha racializado as civilizações, e até mesmo a ideia de civilização. Os intelectuais colonizados sentiam a necessidade de lhe responder à altura. Eles acabaram difundindo a definição racial criada pelo pensamento imperialista, sem se dar ao trabalho de retomar os fundamentos subsaarianos sobre a percepção de si mesmo. Assim, Diop se empenhou em desvendar um passado negro, *civilizações negras*, para parafrasear o título de outra obra sua. O trabalho de Cheikh Anta Diop não deve ser ignorado. Ele é vasto

37 Longe de mim querer contestar as afirmações de quem traduz Kemet (nome original do Egito antigo) como "terra dos negros" em vez de "terra negra", como outros fazem. Quem sou eu para isso? Porém, cabe perguntar: por que se distinguir dos outros povos pela cor da pele quando não se vive constantemente na presença deles, quando toda a vizinhança imediata também tem pele escura e, sobretudo, quando se é tão poderoso a ponto de ser o farol do mundo? Nesse continente onde os povos se nomearam de muitas maneiras, exceto essa, essa posição atribuída aos antigos egípcios não se justifica. A Antiguidade não era racializada no sentido moderno do termo. Ninguém se definia com base em sua compleição física. Por que eles teriam sido os únicos? Por que os faraós, ou seja, deuses vivos, teriam sentido a necessidade de se erguer diante da humanidade e proclamar: "Aqui é a terra dos... negros"? Essa atitude parece anacrônica, risível, e, acima de tudo, estranha aos usos subsaarianos, que supostamente emanou de todos de Kemet. O nome *remetou*, que significa "homens perfeitos" em medu neter, a língua do antigo Egito, me convence muito mais, e é possível encontrar correspondentes para ele na África Subsaariana.

e merece ser estudado e questionado. O que se deve lembrar é que, como outros, ele era um colonizado medindo forças com o opressor. Essa situação influenciou sua abordagem.

Se a negritude foi escrita na Europa, na França, o mesmo aconteceu com a obra de Diop, que não teria existido sem recorrer a fontes europeias que ninguém, nos campos subsaarianos, pensaria em adotar. Assumindo o risco de desagradar certas pessoas, é importante dizer que a busca por vestígios do passado, a necessidade de consultar arquivos, qualquer que fosse sua forma, não foi uma preocupação da maioria das sociedades subsaarianas pré-coloniais. Ali não se praticava arqueologia. A relação com o que Mamoussé Diagne (2005) qualifica de memorável — o que convém rememorar — podia se limitar à transmissão de ordem cosmogônica e genealógica, ao culto dos ancestrais, à lembrança de feitos gloriosos. A relação com o tempo era diferente (Priso, 2009).[38] Trata-se aqui de avaliar as profundas transformações que a colonização provocou na psique da elite subsaariana, sobretudo na intelligentsia.[39] Os colonizados que foram para a Europa — onde se vive cercado pelas realizações materiais dos ancestrais, cujos nomes estão inscritos em placas e cujos bustos adornam praças — não podiam deixar de se perguntar o que seus próprios antepassados haviam produzido enquanto estes outros erguiam castelos e catedrais. Acontece que, conduzindo mal suas investigações ou considerando suas descobertas insuficientes, eles desejaram enobrecer o vazio que encontraram. É assim que podemos interpretar o célebre grito de Césaire (1983, p. 47, tradução nossa):

> Eia, para aqueles que nunca nada inventaram
> Para aqueles que nunca nada exploraram
> Para aqueles que nunca nada dominaram...

---

38 O autor expõe a concepção de tempo na sociedade duala de Camarões.

39 N.E.: O termo "intelligentsia" se refere ao conjunto de intelectuais ou de artistas da vanguarda de um país.

Uma celebração ilusória para os subsaarianos que lessem essas palavras, assim como para os afrodescendentes que o poeta desejava vincular ao continente de origem. Então, ele não se impressionou nem com as ruínas do Grande Zimbábue, nem com as de Loropeni, que até hoje desafiam os pesquisadores com perguntas sem resposta. Ele desconhecia completamente as escritas vai ou meroítica. Para ele, apenas a técnica europeia merecia o nome de invenção. Explorar e dominar, para Césaire, remetiam ao gesto conquistador da Europa, quando também poderiam ser vistos como o movimento natural da existência humana, na medida em que se torna necessário estabelecer-se num lugar, torná-lo habitável. Inventar, explorar, dominar: é isso que os seres humanos fazem para viver, sem que isso implique necessariamente espezinhar seus semelhantes. Seja como for, esses versos do *Diário*, que os subsaarianos escolarizados recitaram até a exaustão por décadas, demonstram que não bastava tê-los escrito para estar convencido de que, durante séculos, a Europa nos empanturrou com suas mentiras e nos inflou de pestilências (Césaire, 1983)... Era preciso sofrer um intenso conflito interno entre duas partes de si, entre duas lógicas, para ao mesmo tempo condenar a mentira e sustentá-la.

A afrocentricidade, teoria atribuída ao acadêmico afro-americano Molefi Kete Asante, também emerge no cerne da ocidentalidade e inicialmente se desenvolve como uma recuperação da contribuição africana para a história da humanidade. Com base na anterioridade da presença humana no continente, a afrocentricidade realiza uma reabilitação que atribui todos os méritos à África. Na primeira fase da afrocentricidade, é através de elementos roubados pela Europa que a terra original é valorizada, enquanto o restante do patrimônio é negligenciado. O essencialismo afrocêntrico rejeita a ideia de uma identidade afropeia. De acordo com essa lógica, os afrodescendentes, de onde quer que venham, devem ser vistos como africanos. Não lhes é reconhecido o direito de se definir por si mesmos, de afirmar uma singularidade identitária ou reivindicar uma ligação com a terra que seus antepassados, escravizados ou imigrantes, fizeram prosperar.

A origem dessas sensibilidades deve ser buscada na história, que racializou os subsaarianos e os afrodescendentes, atribuindo-lhes um lugar específico no mundo. Isso gerou uma solidariedade racial, antes que se cogitasse dotá-la também de um substrato cultural. A identidade era, em primeiro lugar, a raça. Era através dela que se reconheciam aqueles que sofriam a mesma opressão e que podiam compartilhar traços culturais comuns. O sentimento de pertencer a uma nação negra, numerosa e presente em diversos continentes, permitia acreditar na possibilidade de uma libertação coletiva. Lembremo-nos do mundo em que viveram nossos antepassados, mesmo depois das deportações transoceânicas e da escravização colonial:

> Nenhum outro povo no mundo sofreu tanta opressão física — deportação, escravização, colonização — e negação de si. Em 1918, a civilização negra, a cultura africana e a originalidade do mundo negro não existem. Antes mesmo de falar de libertação nacional ou social, os negros precisam reconquistar o amor-próprio e a dignidade; o protonacionalismo desses anos, portanto, deve necessariamente passar pela reabilitação global do mundo negro (Dewitte, 2005, tradução nossa).

A negação mencionada nessas linhas englobava todas as esferas da vida íntima e social. A ciência não ficou de fora ao contestar a humanidade das pessoas de ascendência subsaariana. Philippe Dewitte evoca aqui a época do Harlem Renaissance (1920), movimento artístico e político que inspirou a negritude. Léopold Sédar Senghor nasce em 1906, Léon-Gontran Damas em 1912, e Aimé Césaire em 1913. São pessoas bem jovens que criam a negritude nos anos 1930. A independência dos países africanos não está na agenda. Será necessário esperar mais 30 anos para que ela ocorra, e de forma distorcida. Nos anos que antecedem a negritude, já existe, é claro, uma militância afro na França europeia. Vários jornais são criados nesse contexto: *Le Messager Dahoméen* (1921), *Les Continents* (1924), *La Voix des Nègres* (1927), *La Dépêche Africaine* (1928), *Le Cri des Nègres* (1931) e *La Revue du Monde Noir* (1932). Esses veículos de imprensa, frequentemente efêmeros, oscilam entre assimilacionismo, internacionalismo e pan-africanismo. A preocupação com a raça e a necessidade de uma solidariedade racial estão sempre presentes, com maior ou menor intensidade. Atualmente, no espaço francófono, onde a descolonização está inacabada, as preocupações não estão muito distantes das do passado. A diferença é que, no continente, de modo geral, os problemas não são formulados em termos raciais.

A dor da expropriação persiste, assim como o desequilíbrio das forças em jogo e, talvez, uma incerteza quanto à possibilidade de algum dia reverter essa tendência. Trata-se de uma fragilidade absolutamente compreensível entre os membros de um grupo visto pelo mundo como a escória da humanidade. Já não podemos fingir que as culturas subsaarianas e afrodescendentes são desconhecidas. Contudo, elas raramente são tomadas como referência. A forma como se enxerga o continente e aqueles a ele associados não melhorou. Como a racialização está muito ligada à aparência, ao corpo, a imagem que projetamos é crucial. Essa preocupação pode assumir um caráter trágico. Mais do que uma reapropriação de si, ela muitas vezes revela a obsessão pelo discurso do outro. Ainda que de maneira obscura, esperamos dele uma forma de validação.

A importância atribuída à aparência frequentemente reflete a interiorização dos critérios dominantes de beleza, mesmo quando alegamos que já os superamos. Apresentar-se ao mundo todo enfeitado de ornamentos subsaarianos, ou que fingem ser, ou adequar-se, a qualquer preço, aos códigos de elegância europeia, sobretudo se nos encontramos em situação de minoria, é sustentar um discurso. O vestuário tem significado, isso não é novidade. Em sociedades multiculturais, mesmo quando obedecem apenas a gostos pessoais, as escolhas de vestuário dão lugar a interpretações políticas. Nem sempre à toa. Vale reafirmar a intricada relação, totalmente compreensível, entre o pessoal e o político para os membros dos grupos minoritários. O peso do olhar da sociedade leva à submissão e ao enfrentamento. O vestuário, os adornos, o penteado são as armas mais acessíveis, e também aquelas que revelam a indisponibilidade de outras ferramentas. Além disso, é possível que o uso do ornamento como instrumento de luta não atinja seu objetivo e apenas exalte a força de um adversário mal combatido.

Citemos novamente *Pantera Negra*, o filme de sucesso dos estúdios Marvel, que merece ser discutido porque parece ser a referência na concepção de um futuro afro. E também porque assisti-lo foi, para mim, fonte de um microtrauma. A questão da aparência era tratada de modo a colocar a África em pé de igualdade com o Ocidente, em vez de valorizar suas diferenças e sua originalidade. Um pouco como aconteceu com as produções literárias da negritude, não se tratava de ser quem se era, mas de dizer ao outro o que se acreditava ser e, no caso específico desse filme, de demonstrar que se havia levado ao paroxismo o domínio da tecnociência criada pelo Ocidente. Afirmar, portanto, que se era, não senhor de si, mas substituto do outro, cujo trono havíamos roubado. Isso teve o efeito de reduzir a uma dimensão folclórica as referências ao continente, enquanto tudo o que representava poder era ocidental.[40] Que isso seja satisfatório para os afro-americanos é até compreensível. Mas o entusiasmo subsaariano e a incapacidade dos intelectuais do continente de questionar criticamente esse filme são bastante inquietantes. *Pantera Negra* foi celebrado por eles como o oposto do que realmente era: uma obra autocolonial.

> A autocolonização é a interiorização total do olhar estrangeiro. A sociedade do Terceiro Mundo já não se percebe através de suas próprias categorias, mas através das do outro... Despojados do conhecimento de sua realidade, "desenraizados" internamente, os membros das sociedades do Terceiro Mundo têm um único desejo: identificar-se com os ocidentais (Latouche, 1984, tradução nossa)...

---

40 Tudo o que se relaciona ao poder é estranho a Wakanda e, portanto, à África. A erva que dá força ao Pantera Negra é uma planta que sofreu mutação ao entrar em contato com um meteorito: suas propriedades são extraterrestres. O mesmo acontece com o vibranium, esse minério milagroso que confere poder ao país. A tecnologia é totalmente ocidental, tanto em suas formas quanto em seus usos.

Como essa interiorização do olhar do outro constitui o principal recurso estético de *Pantera Negra*, não seria possível se surpreender com o resultado, que nega qualquer perspectiva de evolução ou de ascensão fora do esquema ocidental. Aliás, quando T'Challa, proclamado rei, tomou a decisão de abrir seu país para o mundo, não foi para a África que se voltou. Sua primeira e única declaração pública foi dirigida às Nações Unidas, que ainda existiam nesse filme afrofuturista, e onde o lugar dos subsaarianos continuava tão periférico quanto é hoje. Mais uma vez, esqueceu-se da célebre proposta de Audre Lorde: "As ferramentas do mestre jamais demolirão sua casa". Assim, legitimaram-se os métodos do opressor e confinou-se a África a um anseio de ocidentalização. As referências arquitetônicas à África imperial ou os trajes dos personagens não passavam de um aparato ornamental, visto que a proposta do filme estava em outro lugar.

Esse eloquente apelo a favor da ocidentalização não era o menor dos paradoxos numa história que supostamente se passava num país que nunca fora colonizado e cuja população, poupada da dominação europeia, não se considerava negra. Deixemos de lado o posicionamento político desse filme lamentável, pois haveria coisas de mais a dizer sobre isso. Destaquemos, contudo, a generalização do complexo de inferioridade que levou a escolhas estéticas absurdas porque era preciso mostrar uma África ultramoderna de acordo com os critérios aceitos. Por sua ingenuidade asséptica, *Pantera Negra* atendia à necessidade dos afrodescendentes de, antes de tudo, serem vistos, ainda que isso viesse acompanhado de um discurso problemático, uma vez que o filme os remetia à África para que pudessem se imaginar numa posição de poder. Ao mesmo tempo que os expulsava de suas casas para reenviá-los ao remetente subsaariano, ao mesmo tempo que construía a afrodescendência como corrompida por um contato excessivamente longo com a branquitude,[41] *Pantera Negra* respondia

---

41 Sobre o personagem de Killmonger (literalmente: aquele que traz a morte, o massacre), o agente Ross diz *He's been with us too long* (ele ficou tempo de mais com a gente) para explicar a violência do jovem afro-americano e seu caráter irrecuperável. Cito isso de cabeça, sem nenhuma pressa de rever o filme...

à demanda de uma reabilitação da e pela imagem. No tempo de uma ficção, o continente originário, alvo de todos os tipos de desprezo, era colocado em primeiro plano. Havia poeira suficiente, conflitos suficientes — fora de Wakanda, na África real — e costumes supostamente ancestrais[42] para nos convencer de que realmente se tratava da Terra Mãe. Foi isso, mais do que a própria história, que conquistou a *noirie*, da qual muitos ainda não despertaram.

Pode-se observar certa perplexidade diante da abordagem afrofuturista promovida pelo diretor afro-americano Ryan Coogler, que pretendia inventar o futuro negando o passado, projetando-nos para frente sem olhar para o que aconteceu e do que somos fruto, sem elaborar nenhuma crítica ao sistema atual. Assistindo a *Pantera Negra*, a série de animação publicada on-line pela Marvel Knights Animation (2018) na época do lançamento do filme, era possível entender melhor o que estava por trás do projeto dos estúdios. Por mais cínico e inútil que isso possa parecer, algumas pessoas no Ocidente, tenham ou não ascendência subsaariana, precisam imaginar que pelo menos um território subsaariano jamais foi colonizado nem sofreu nenhuma influência euro-americana. Esse país teria não apenas escapado das ambições predatórias de todas as nações ocidentais envolvidas na apropriação do mundo mas também deve essa façanha à bravura de seus guerreiros: "Os wakandanos são dotados de um espírito guerreiro que faz os vietnamitas parecerem… bem, franceses", explicava um personagem da animação a seus colegas, reunidos na Sala de Crise da Casa Branca. Ali se percebia o quanto pode ser desconfortável, no fim das contas, ter subjugado todos esses povos. E como, ao revisitar o passado, é possível se perguntar: será que tantas mortes e tanta destruição em todos os sentidos realmente valeram a pena?

Então, recria-se a história, busca-se conforto inventando heróis subsaarianos imbatíveis e invencíveis. A fábula não tem nenhuma utilidade para os subsaarianos. Eles foram, de fato, colonizados. Aliás,

---

42 A disputa pelo trono de Wakanda está longe de qualquer visão subsaariana. Isso é inconcebível até como piada.

é a esse processo que eles devem todas as denominações que agora os identificam. Suas vitórias ainda estão por vir. Elas pertencerão aos povos que souberem aproveitar o melhor de sua história para se libertar e criar um novo mundo. Mais dinâmica e com maior riqueza de detalhes, a série de animação era mais interessante que o filme. Ela trazia uma crítica dos wakandanos à civilização ocidental. Ao incorporar outros heróis da Marvel (Capitão América, Fanático, Tempestade etc.), a série de animação se apresentava como o que realmente era: um entretenimento, uma fantasia. No entanto, seu impacto foi limitado e aparentemente só teve uma temporada.

No filme *Pantera Negra*, que pretendia contar uma história protagonizada por figuras com as quais o público pudesse se identificar, não havia nenhuma invenção convincente da identidade. Nenhuma retomada do ser brutalizado pela história, para curar suas feridas e fortalecê-lo. Nada além da criação de fantasmas, sem outro efeito sobre o mundo real além de uma dose que permitisse a visita efêmera aos paraísos artificiais. O sonho contribui para a emancipação se, e somente se, for um convite para abrir os olhos, levantar-se e caminhar. O afrofuturismo de *Pantera Negra* era, ao mesmo tempo, uma fuga e um ato de submissão, pois não há nada mais ocidental do que reduzir a África a adornos e ao culto aos ancestrais. A suposta ambição de derrotar a opressão com uma profusão de discos labiais e trajes exuberantes é um tanto duvidosa. Se o objetivo era reforçar a ideia de que não pode haver uma modernidade subsaariana baseada em saberes e práticas endógenas, então a obra foi um sucesso absoluto.

Para todos, a África e tudo o que a ela se relaciona são definidos pela falta, pela incapacidade. Espera-se, então, que os que podem valorizar essa região do mundo sigam na vida levantando essa única bandeira. Muitos afrodescendentes sabem que o racismo que enfrentam decorre do fato de serem associados à África. Enquanto se espera que ela se transforme em uma imensa Wakanda, é preciso reivindicá-la, proclamá-la, ainda que não se consiga construí-la. Pois essa construção não acontecerá, uma vez que a energia para isso está se dissipando em discursos vazios. Como ela constitui uma parte de nós mesmos que foi enfraquecida pela história, a parte que sofre, a parte da qual muitos se envergonham, é somente a ela que devemos lealdade. O não reconhecimento dessa exclusividade é que leva a Afropea a ser desacreditada ou a ter seu significado mutilado por alguns que se dizem afropeus. Qualquer pessoa com um fenótipo subsaariano, sobretudo se vive nos países do Norte, é obrigada a afirmar uma fidelidade absoluta à África Subsaariana. O paradoxo é o seguinte: para sobreviver à racialização e a todos os seus desdobramentos, em determinado momento se atribui a ela uma missão que jamais poderia cumprir. Ainda que invertido, o estigma não pode adquirir um poder libertador.

Eu mesma recorro ao vocabulário forjado pela racialização. Os usos em vigor, a sensibilidade das pessoas com quem eu poderia não me solidarizar, me levam a me definir como negra. Esse termo só tem validade política; eu não sei nada sobre os sentimentos negros, por exemplo, o que significa que a palavra não diz respeito ao ser enquanto tal. Introduzo nela elementos memoriais por fidelidade à lembrança dos deportados pelo tráfico humano transoceânico, como testemunho do meu profundo afeto pelas populações afrodescendentes cujo cotidiano é marcado pela raça. Mas continuo convencida da necessidade urgente de superá-la, de nos aproximarmos com base em outros referenciais, de reencontrarmos nosso rosto, nossa verdade. Eles não estão nas palavras do outro. Só nós podemos defini-los e expressá-los. No limiar do século 21, é chegado o momento de nos prepararmos para nos despedir da raça negra, de questionar, sem complacência, o apego a essa categoria. Essa proposta não visa reduzir o impacto da ficção racial nas vivências subsaarianas e afrodescendentes. Tanto na França como em qualquer outra parte do Ocidente, o confinamento racial é a principal característica da experiência afro. Desse ponto de vista, é compreensível que às vezes se confunda a raça com a identidade que ela tanto impregnou com sua influência.

Contudo, convido a questionar o que significa o fato de, na retórica das pessoas que deveriam pensar nisso, a raça parecer constituir o principal referencial identitário. Não se trata de ignorar que a racialização, ao construir negativamente as alteridades colonizadas, levou à mobilização de recursos espirituais e criativos, de estratégias e ações políticas que reconheceram tanto seu potencial destrutivo quanto seu papel como catalisador na recriação de si. A racialização, ao provocar resistência ao seu caráter desumanizante, gerou respostas de todas as ordens, que, por sua vez, produziram culturas e modos de existência. O conjunto dessas refutações, e dos modos de vida que se formaram através delas, constitui a parte do ser negro que escapa à elaboração racial, à ambição reificante do escravagista e do colonizador. O que se forjaria na resistência, nas práticas de amor-próprio, de afirmação e de defesa da dignidade humana, não estava previsto nem deveria existir. É à beleza dessa coisa inesperada que estamos ligados quando reivindicamos nossos povos negros e celebramos nossas culturas negras. É compreensível. Mas será que essas palavras de fato se tornaram nossas? Será que nos pertencem a ponto de, no instante em que as pronunciamos, deixar claro para todos que *negro* é a luz interior que se soube projetar para fora para enfrentar a noite que nos sepultaria? Os dicionários um dia registrarão o que realmente queremos dizer com *negro*? Temos muitas razões para duvidar disso, nossa influência epistemológica é inexistente e a língua é o que é: pode ser decolonizada pelo acréscimo de um novo léxico ou pela extensão por catacrese de certos vocábulos, mas jamais completamente descontruída. Essa coisa inesperada que acabo de expor merece sair da escuridão, ser arrancada dela. Era isto que estava em jogo, este era o objetivo: ser você mesmo, não o que os outros queriam fazer de você. Não ser negro, portanto.

No imaginário mundial, a ausência de poder é o que caracteriza, antes de tudo, o ser negro, essa *blackness* que a língua francesa não se permitiu conceber. Essa é, aliás, uma das razões pelas quais muitos subsaarianos contemporâneos, quando vivem no continente fora de sociedades marcadas pelo racismo — como a África do Sul ou a Mauritânia... —, não pensam em si, a priori, como negros. Como dizia Joseph Ki-Zerbo (2005, tradução nossa): “Não é porque somos negros que somos pobres, é porque somos pobres que somos negros”. Negro é, portanto, uma forma de ressaltar a inferioridade, o que reduz a possibilidade, por meio dessa apelação, de ser um marcador identitário justo. O insulto não muda de natureza quando é ostentado como um diadema, nem quando dele se extrapolam conceitos supostamente destinados a unir subsaarianos e afrodescendentes. O distanciamento histórico que temos hoje evidencia isso e clama pela adoção de outra linguagem, por um vocabulário criado por aqueles que desejam falar de si mesmos. Uma terminologia que rejeite tanto a constante oposição entre o negro e seu contrário quanto a ideia de que a memória das pessoas envolvidas, e até mesmo sua história, começa com a racialização. Isso não se aplica aos subsaarianos; não pode se aplicar aos afrodescendentes que valorizam sua filiação subsaariana. As figuras que dão orgulho ao continente, aquelas que os militantes de hoje reivindicam para se legitimar e se inscrever numa linhagem de combatentes pela liberdade, se recusaram a aderir ao pensamento racial, mesmo quando reconheciam a importância de que as pessoas de ascendência subsaariana unissem forças contra o racismo que atinge a todos. A esse respeito, citemos Julius Nyerere, que, em seu discurso no Congresso Pan-Africano de 1974, declarou:

> Uma coisa é certa. Somos contra todo pensamento de ordem racial [...]. Pois, embora o movimento pan-africano tenha sido necessário devido ao racismo e se limitasse aos negros, nossa luta específica pela dignidade sempre foi um aspecto da luta global pela libertação humana.
>
> [...] Pois, se reagimos à necessidade contínua de defender nossa posição como homens negros, considerando-nos diferentes do restante da humanidade, nos enfraquecemos e permitimos que os racistas do mundo conquistem seu maior triunfo (Nyerere, 1974, tradução nossa).

O espírito subsaariano soube resistir à aberração racial. A história dos povos dessa região do mundo não começou com as conquistas coloniais. Ainda que colonizados e também racializados, os subsaarianos dispõem de espaços endógenos de definição e de legitimação de si mesmos. Eles não vivem, entre si, em função das categorias nas quais um olhar externo tentou enquadrá-los. Eles são, antes de tudo: ewe, muluba, bété etc. Essas identidades precederam o período colonial e sobreviveram a ele. As línguas faladas ao sul do Saara continuam testemunhando a estraneidade da noção de raça. Os termos indevidamente traduzidos como "brancos" para designar os europeus remetem a outros elementos além da cor da pele. Essas palavras sempre se diferenciam daquelas que, nas línguas em questão, designam a cor branca.

Um dos vocábulos mais conhecidos nesse contexto é *toubab*, muito usado nos países do Sahel por populações que falam diversas línguas. Todas as hipóteses afastam esse termo da cor branca, e a mais plausível se apoia numa deformação do árabe *toubib*, que significa "médico" e originalmente se referia ao curador militar da era colonial. Na língua ewe, do Togo, a cor branca é chamada de *he*, enquanto o termo *yovo/yevu*, que designa o europeu, remete a "astúcia". Talvez tenham percebido nisso alguma malícia. Na língua duala, falada em Camarões, a cor branca é chamada de *sanga*, mas o termo *mukala*, que designa o europeu, significa "pé de pássaro". Em bété, língua da Costa do Marfim, os europeus são os *gɔmlan*, aqueles que parecem bem velhos. O baoulé, também falado nesse país, chama o europeu de *blɔfuɛt*, ou seja, um habitante da terra dos mortos. Os seres humanos não são designados por sua suposta cor de pele. Convido os bons falantes de línguas subsaarianas a fazerem essa rápida investigação. O resultado falará por si só.

Quanto ao termo "negro" para se definir, nas línguas que às vezes o utilizam, ele é apenas uma tradução da designação europeia, e seu uso é recente. É fácil demonstrar que essa prática não existia nos tempos pré-coloniais e que as acepções de "negro" em muitas línguas subsaarianas não são positivas, aproximando-se do que se observa na Europa. Também lá as trevas são negras. Também lá a cor branca simboliza pureza ou elevação espiritual. É difícil entender por que os subsaarianos deveriam adotar uma perspectiva racial que lhes era originalmente estranha, que não reflete sua própria concepção da humanidade e os aprisiona em um espaço que eles mesmos percebem como obscuro. O fato de outras pessoas quererem projetar neles suas sombras não deveria influenciar o curso de sua existência nem a maneira como eles leem sua história. A soberania do continente só será concebível quando as pessoas conseguirem se reapropriar de seu verdadeiro ser. É problemático e obviamente prejudicial acomodar-se nas categorias escolhidas por terceiros para expressar seu desprezo, resignar-se à taxonomia criada por eles com o objetivo de afirmar sua dominação.

Por todas essas razões, é louvável que a Afropea, a mais recente das categorias afrodescendentes e a mais próxima da África tanto pela geografia quanto pela história, tenha adotado uma visão que permite dispensar a fabulação venenosa e garantir que o estigma, mesmo em sua versão disfarçada, deixe de ser o principal denominador comum. A identidade não está na cor, ela está na cultura e na vivência. Embora não a resuma, a raça, por enquanto, é indissociável da vivência nas sociedades ocidentais, e isso é um fato. Decolonizá-las é, antes de tudo, enxergar-se com os próprios olhos, e não com os olhos do colonialismo e do racismo. Somente assim será possível libertar-se dessa *carga racial* (Dibondo, 2022) que compromete o bem-estar das pessoas, ao fazer com que se sintam obrigadas a antecipar a maneira como serão vistas pelo olhar da maioria. Os esforços feitos não são notados, muito menos recompensados, e a importância dada ao olhar externo desvia de seu objeto a capacidade de agir. Toni Morrison expressou isso muito bem durante uma fala dirigida aos artistas negros em Portland, em 1975 (Toni [...], 2020). Ela descreveu o racismo como uma pegadinha, uma estratégia para distrair as vítimas de sua verdadeira tarefa e afastá-las de seu próprio poder. É o que ocorre toda vez que nos sentimos obrigados a responder à menor agressão verbal, ao fato de termos sido ignorados, mal compreendidos, e a demonstrar o quanto isso nos afeta. Se tais atos ou palavras configuram uma violação da lei, vale entrar com uma ação judicial. Se não for esse o caso e não houver interesse em promover mudanças na legislação por considerar que não foi tão grave assim, temos de nos concentrar no que é realmente importante. É assim que conseguiremos nos libertar do olhar negativo sobre nós: começando por transformar nossa própria visão.

Além disso, a cultura merece ser abordada, já que é um elemento estrutural da identidade. Como os afropeus da França definiriam sua cultura? Como a descreveriam? Existe uma cultura afropeia identificável que justifique que tenhamos nos dado um nome? A Afropea dispõe de uma linguagem simbólica capaz de transmitir sua experiência e diferenciá-la? Essa não é uma questão trivial quando se considera essa categoria como um grupo dentro de um país marcado por regionalismos profundos, onde cada um está enraizado num território histórico que se apresenta como imemorial. No caso dos afropeus, cujo espaço também está fora dali, definindo-se mais pelas particularidades da experiência do que por um território nacional: que figuras referenciais, quais práticas culturais, quais estéticas seriam capazes de caracterizar essa população e justificar sua designação?

Seria necessário reunir-se em torno de elementos aceitos por todos, sobretudo no que diz respeito às figuras referenciais e aos momentos de comunhão. É importante reivindicar um patrimônio próprio e valorizá-lo, para que haja algo a ser compartilhado com os outros, incluindo os povos de ascendência subsaariana. Convém, igualmente, dispor de instituições comunitárias dignas desse nome, cuja função não se limite à luta contra a afrofobia. Vou me abster de fazer qualquer sugestão sobre a maneira de concretizar tudo isso, pois não me cabe tomar a palavra sobre esse assunto. Ao mesmo tempo, é fundamental responder a isso. A grande oportunidade de pertencer a uma nova etnicidade é de que essas coisas podem ser tanto decididas e criadas quanto recebidas. Por isso, é essencial se definir e tornar essa definição conhecida.

As pessoas reclamam que os franceses de ascendência exclusivamente europeia ainda não são capazes de diferenciar o imigrante do nativo. No entanto, é preciso admitir que essa confusão identitária acontece de ambos os lados. Também há queixas de que os subsaarianos têm mais facilidade para se inserir no campo literário afropeu porque o abordam com mais leveza, por terem crescido num ambiente onde sua expressão não foi reprimida. Eles também teriam mais facilidade para se fazer ouvir, pois o sistema os coloca constantemente uns contra os outros e não deseja se abrir para suas fronteiras. E isso é um fato. Depois de receber uma crítica a esse respeito — em minha ausência — durante um debate entre artistas e ativistas afropeus, com um comentário não muito distante de certas acusações de apropriação cultural, decidi não mais publicar romances que poderiam ser lidos como afropeus. A situação não deixa de ser irônica, pois tive que lutar para inserir as figuras afropeias no cenário literário francês, especialmente com meu romance *Blues pour Élise*, cuja publicação provocou um conflito e, posteriormente, uma ruptura com a editora. A tetralogia, da qual *Blues* seria o primeiro volume, não foi publicada. E nem quero mais que seja, porque esse episódio me remete à violência dos desentendimentos que ocorreram com a editora Plon. As participantes do debate a que me refiro eram, em sua maioria, leitoras dos meus livros. Sei da importância que minhas obras tiveram para elas, assim como para muitas outras. O problema que elas suscitaram ia além disso, e eu podia ficar indiferente. Se existe o menor risco de que minha voz silencie outras que estejam em contato mais direto e íntimo com o tema, é imperativo reconhecer esse fato. Cabe aos autores afropeus lidar com a própria história. Cabe aos afropeus ocupar seu país e todo o espaço que o cerca, essa Europa que eles reivindicam através da definição de si mesmos. Nada que seja humano nos é estranho, estou convencida disso, e não me sinto ilegítima para contar qualquer história. É por solidariedade que me abstenho. A lendária preguiça dos meios culturais franceses é rápida em eleger uma pessoa, e somente uma pessoa, para determinada tarefa. Com isso, exclui-se a diversidade de pontos de vista, o que aumenta as frustrações.

Às vezes leio, com grande perplexidade, os textos de certas pessoas nas redes sociais. Percebe-se, entre os afropeus, uma obsessão pela África, um lugar aonde poucos realmente vão e sobre o qual sabem apenas o que dizem os livros e os vídeos postados na internet. Tudo isso é feito com a energia do desespero. O desespero, para muitos, de ter demorado a amar esse continente, a não ter vergonha dele. O desespero de ser parte da França e de sentir isso como um fardo. Tudo isso tem origem na rejeição de uma sociedade que desvalorizou as culturas parentais, uma sociedade à qual pertencemos, mas pela qual não somos reconhecidos. A espera por esse reconhecimento compromete o processo de autonomia e torna mais difícil a aceitação do pertencimento europeu.

Em sua análise sobre o conflito identitário entre os filhos de migrantes e sobre a forma como isso dificulta a subjetivação, tornando a origem um obstáculo incontornável, Alice Cherki (2001) explica que isso não poderia ser diferente numa sociedade que rejeita as referências às quais esses indivíduos estão ligados. Isso não apenas impede a ruptura com a origem mas também faz dela um escudo contra tudo o que fere ou fragiliza, o que leva, por sua vez, ao aprisionamento em uma identidade fixa, inabalável, e, portanto, estagnada. Para mim, a solução seria criar espaços para reverenciar o que quisermos, nos apoiar, nos amar. O que vale para os grupos vale também para os indivíduos: amar-se e alcançar a plenitude permite estabelecer encontros saudáveis. Ora, a Afropea busca a união, e ela só pode ser concretizada se houver, antes de tudo, encontro.

Não é exatamente o amor pela África que expressam os afropeus que tentam transformá-la numa fortaleza na qual possam se proteger das constantes humilhações, numa tábua de salvação para escapar do doloroso pertencimento à Europa. Aqui, ao contrário dos filhos de migrantes mencionados por Alice Cherki, a origem subsaariana, que tende a ser supervalorizada, está distante. Não é necessariamente dela que mais nos nutrimos, pois a conhecemos pouco. Ora, não podemos amar o que não conhecemos bem, algo com que temos um contato apenas virtual. A África acaba sendo instrumentalizada somente para encobrir o sofrimento e o conflito interno gerados pelo fato de sermos parte de um sistema de opressão, um sistema ao qual dedicamos nossa energia pelo trabalho, com o qual gastamos nosso dinheiro e consumimos segundo os hábitos estabelecidos, um sistema do qual seria impossível abrir mão sem prescindir do conforto, ainda que básico, a que estamos acostumados.

Para muitos afropeus, a tarefa de transformar a sociedade parece titânica. Então, olhamos de longe para essa África que desejamos e tememos. Essa África que não precisaria ser idealizada ainda por muitos séculos. Essa África que tem mais o que fazer além de servir de placebo para o mal-estar de quem quer que seja. Por isso adiamos qualquer possibilidade de afirmar nossa presença na França, pois fazê-lo implica assumir o vínculo com os outros: os brancos. Aqueles que condenamos coletivamente à condição de carrascos atávicos, o que os torna indesejáveis, socialmente rejeitados, a não ser que entrem de cabeça baixa no espaço relacional que lhes é concedido. Aqueles que, por sua vez, se insurgem sempre que as vozes minoritárias fazem ouvir seu ponto de vista, que rotulam qualquer iniciativa de comunitarista e, portanto, separatista, sempre que sua supremacia parece ameaçada, exigem que seus concidadãos se contentem com posições subalternas. A contestação só é permitida aos franceses de ascendência unicamente europeia, pois o país e tudo o que se diz sobre ele é de exclusividade deles.

Num ambiente como esse, onde cada um só quer salvar a si mesmo, onde a rejeição responde à rejeição, não é fácil para a Afropea se fazer entender. Ao contrário do que se observa entre aqueles que, ao tentar contestar o discurso eurocêntrico, acabam por reafirmar sua hegemonia, na Afropea formula-se uma crítica tão poderosa à ocidentalidade, que seu único objetivo é superá-la. A diferença em relação a uma postura meramente contraditória é que a Afropea, pelo próprio nome que a define, propõe um caminho inédito, que não reside nem no confronto direto, nem numa simples inversão da situação, em que os últimos se tornariam os primeiros, mas ainda dentro da mesma estrutura. Nesse aspecto, mais uma vez ao contrário das posturas de confronto ou reapropriação, que consideram que as chaves do futuro estariam num passado oculto e veem a intrusão da Europa conquistadora na trajetória dos povos subsaarianos como um ato demiúrgico, a Afropea propõe um pensamento de emancipação. Isso significa que a Afropea assume a responsabilidade pelo devir dos povos. Dizer-se afropeu é trabalhar de imediato pela renovação dos vínculos, sentir-se implicado no destino de todos. Não se trata de negar o passado, mas de tê-lo apreendido o suficiente para compreender o quanto importa, hoje, contribuir para inventar o que virá. Esse limiar não será ultrapassado sem o reconhecimento daquilo que, em seu interior, atesta uma relação indissociável com o outro. É essa consciência que permite que Afropea se escreva sem hífen, pois este, ao mesmo tempo que conecta, também evidencia a diferenciação entre os termos, a separação inicial.

O nome "Afropea" torna visível e impõe a permanência da relação, na medida em que manifesta o desejo de um encontro cujo resultado não é a fusão, mas o que emerge disso, o que é criado a partir da fecundação mútua das partes. Afropea é a única das designações afrodescendentes que segue esse modelo. Ela se permite projetar num futuro sem dar lugar nem à tensão interna, nem ao ressentimento. A dualidade afropeia é positivamente audaciosa, pois ousa propor a aliança de termos que a história parecia ter aprisionado num antagonismo irrefutável. É tudo isso que a torna um pensamento pós-ocidental, uma proposta fraternal e uma exigência de inclusão. Reivindicar-se como pertencente a dois grandes espaços é fazer com que dois vivam dentro e fora de nós, de modo igual. Concretamente, nenhuma das partes pode ser confinada na esfera privada. Se elas adotam e constituem termos indissociáveis, são juntas, uma com a outra e uma na outra, que elas aparecerão.

Da mesma maneira, outro nome composto surgiu outrora no contexto geopolítico e retorna à cena de vez em quando. Trata-se do conceito de Euráfrica, cuja aparência pode enganar. A ideia da Euráfrica não é nem de longe uma velha parente da Afropea. O projeto eurafricano nasceu no final do século 19. Na França, até a Primeira Guerra Mundial, os colonialistas usavam esse termo para se reaproximar da Alemanha. Tratava-se, primeiramente, de estabelecer uma federação europeia dentro da qual a Alemanha, que desejava recuperar suas colônias, não sentiria que tinha sido enganada. Isso se revelou ineficaz, mas a corrente eurafricana persistiu e evoluiu. Para a França, o projeto da Euráfrica tornou-se então um instrumento de poder, uma ferramenta que lhe permitia garantir sua independência diante das outras potências e reconfigurar as modalidades de sua presença colonial (Dramé; Saul, 2002).

A Euráfrica participa da ocidentalidade que nada sabe sobre fraternidade. Trata-se simplesmente de uma expressão do racismo cordial, que é uma particularidade francesa. Essa mistura desconcertante de desejo e desprezo, essa necessidade de se saber amada por aqueles de quem ela abusa. Em 2007, em seu famoso discurso de Dakar, Nicolas Sarkozy defendia a ascensão da Euráfrica, "esse grande destino comum que aguarda a Europa e a África" (Le discours [...], 2007). Numa fala durante o Fórum Mundial Convergências, em 2015, Dominique de Villepin convocava a implementação de um projeto de cooperação eurafricano. Essa reciclagem da velha estratégia ocorre no momento em que as sociedades civis subsaarianas, e mais ainda a juventude do continente, expressam uma exigência de soberania. É claro que uma iniciativa que visa simplesmente não perder a África não tem comparação com a ambição que carrega a Afropea.

Para entender as razões que fazem da Afropea uma proposta de fato não ocidental, é preciso reiterar o que é a ocidentalidade. Designo assim o caráter da Europa conquistadora e das suas extensões americanas, tais como a humanidade teve que suportá-las a partir do final do século 15 (Miano, 2017a). Trata-se de uma forma de estar no mundo que funda as relações com os outros na violência: a invasão, a apropriação dos recursos, a reificação ou até a morte, a hegemonia epistêmica. A ocidentalidade é o que acontece com essa Europa quando, espalhando-se pela terra, ela escolhe a própria desumanização. É o capitalismo selvagem, a invenção da raça e das hierarquias raciais, a dissonância cognitiva que permite manipular os princípios cristãos, entre outros, e justificar a prática das piores atrocidades.

A ocidentalidade é a elaboração de uma ilusão que, instaurada por um período de longa duração, acaba sendo aceita como realidade. Não existem brancos antes do final do século 15. É ao constituir a si mesma e buscar sua própria validação que a branquitude — que não é a brancura — se projeta negativamente sobre os povos que encontra. Inventora da raça, ela também aprisiona os europeus nela. Ao contrário do que parece à primeira vista, não há nada na ocidentalidade que manifeste poder, é exatamente o oposto. Brutalidade não é força. É preciso estar tomado por certa desordem interior para se render tão duradouramente à sua parte obscura, entregar todo o seu ser a ponto de não ter mais definição a não ser por suas sombras. A ocidentalidade é uma patologia. A boa notícia é que ela não é incurável. Muitos franceses hoje sonhariam em ficar livres dela. A história colonial é um fardo que muitos gostariam de não ter mais que carregar. Eles adorariam descobrir o outro lado da história. Mas há uma montanha a escalar, práticas e concepções a abandonar.

A vontade de virar a página revela, então, sua inconsistência e vacila assim que o interesse material ou os privilégios estão em jogo. As pessoas se fingem de mortas, evitam certos assuntos. Na França europeia, o grande público não se preocupa com questões de política externa. Nem mesmo quando elas se tornam concretas no país. No final de 2018, foi entregue ao presidente Emmanuel Macron, que o encomendou, um relatório sobre a restituição de artefatos subsaarianos em posse de museus nacionais. O relatório de Sarr e Savoy (2018), que resultou na publicação de um livro, deu muito o que falar no país. No entanto, o cidadão comum permanece em silêncio. Ele não sabe se é preciso devolver aos subsaarianos as obras criadas por seus ancestrais, que estão principalmente nos museus ocidentais, cujos diretores não passam de receptadores. Para desviar do assunto, questiona a existência de instituições adequadas a receber essas obras na África Subsaariana. Além do fato de que tais estabelecimentos existem ou serão construídos, será que precisamos lembrar que tais objetos não foram roubados de museus e que a África não tem nenhuma obrigação de recorrer aos métodos ocidentais de conservação e exibição? Quando essas peças são reivindicadas — o que nem sempre acontece —, elas devem ser devolvidas. E sem adotar essa postura paternalista de garantir que os selvagens entenderam bem como devem tratar seu próprio patrimônio. Qualquer hesitação nesse sentido perpetua o gesto colonial.

Será preciso conseguir habitar o mundo de um modo diferente, considerar seu poder sem depender da decadência dos outros, de sua submissão ou de seu empobrecimento. Ninguém pretende que essa seja uma tarefa fácil para uma França da qual o mundo já não espera seu pensamento, mas sim seus produtos de luxo e sua gastronomia.

Uma França que só sabe ser uma grande loja para turistas orientais, um museu a céu aberto para estadunidenses eruditos. Apenas a África Subsaariana ainda lhe concede o luxo de encenar um pouco, de se iludir. Ninguém espera que a transformação seja uma tarefa simples num ambiente geopolítico regido por rivalidades, por apetites vorazes. O mundo tal como foi moldado pela influência e pela presença ocidentais. Estas que nos tornam familiares as regiões mais remotas do globo, tamanha é a persistência de sua marca. Não há um canto do planeta onde as cidades, em particular, não contem uma história que o Ocidente não tenha marcado a ferro e fogo. Quando temos a oportunidade de viajar pelo mundo, às vezes chegamos a nos perguntar que efeito tem essa constatação de seu domínio sobre tantos e tantos espaços. Em todos esses países, o Ocidente se faz presente na própria forma como os abordou, deixando marcas de sua passagem sobretudo no aspecto material das coisas. Nos meios técnicos, na estrutura. Quanto ao conteúdo, pode haver uma resistência, mas não sem grande esforço.

Os subsaarianos não entraram a priori em conflito com o que vinha de fora. A curiosidade, a capacidade de reconhecer no outro o que tem valor, o que é belo ou simplesmente útil, a tendência a criar misturas, os preservaram da destruição. Constatar a transformação da qual todos somos fruto na África contemporânea não significa lamentá-la nem defender a contemplação de um passado que não retornará e que tampouco foi ideal. Os subsaarianos não se rebelaram contra a cultura estrangeira quando o fizeram, mas contra a ocidentalidade, que investe contra as identidades, ameaçando até a de seus defensores. Não os ouvimos, por acaso, se inquietar com uma eventual desagregação identitária? Ao contrário do que pensam, o problema não vem de fora. Ali, como em outros lugares, a fragilidade se deve a um processo interno. E, afinal, do que estão falando exatamente, já que certas pessoas na França confundem sua cultura ancestral com sua corrupção pela ocidentalidade?

> O Ocidente é uma cultura igual àquelas que ele destrói? Por sua dimensão e pela indefinição de suas fronteiras, a civilização ocidental não é uma cultura comparável às sociedades primitivas dos etnólogos ou às culturas locais dos sociólogos. O Ocidente é o resultado de uma extraordinária desagregação de milhares de culturas (Latouche, 1984, tradução nossa).

Portanto, essa fragmentação também foi propagada pela Europa conquistadora. Não uma cultura enquanto tal, mas uma máquina de morte, necessariamente autodestrutiva, cujo motor é a submissão do vivo, a dominação da matéria, tendo como único horizonte o lucro. O triunfo do Ocidente sobre a matéria não é contestado e leva a questionar os lamentos dos nacionalistas que temem o desaparecimento de um mundo cuja forma seus antepassados implantaram por toda parte. A tão criticada globalização é apenas outro nome para a ocidentalização planetária. Reclamar da própria hegemonia parece ser a outra face do narcisismo: querem dominar, mas sem pagar o preço. Ora, esse preço continua sendo moderado no plano cultural. Se a marca ocidental é visível onde quer que estejamos, o inverso não é tão verdadeiro. A presença de pessoas vindas de outros lugares não modifica nem a estrutura das cidades europeias, nem os comportamentos que deveriam ser adotados. Que testemunhos dessa relação a França estaria disposta a ver expressos em seu território? Essa é a pergunta que a Afropea levanta, trazendo imediatamente a resposta.

A exigência da assimilação cultural, que não se limita ao domínio e ao respeito dos códigos sociais, pois requer uma renúncia que deve transformar cada um numa espécie de buraco que a França se encarregaria de preencher, é agora vivida como uma agressão a mais. Para populações ostracizadas, cujo pertencimento à nação continua sendo contestado, já que seus membros são chamados de *franceses de papel* — expressão que designa uma identidade francesa estritamente administrativa —, a cultura de origem dos ascendentes, mesmo que desconhecida, ou improvisada em muitos casos, se torna a fortaleza na qual as pessoas se refugiam para se proteger de um ambiente hostil. Daí as insanidades que as redes sociais propagam de maneira lamentável. Durante longos anos, as minorias não reivindicaram nenhum tipo de diferenciação nem destacaram suas origens estrangeiras. Elas queriam ser tratadas da mesma forma que seus concidadãos, que se cumprissem as promessas veiculadas pelo lema do país. Kenan Malik, ao comparar as situações francesa, inglesa e alemã, lembra que foram as autoridades desses países que escolheram políticas multiculturalistas e diferencialistas:

> A afirmação de que as comunidades minoritárias exigiram o reconhecimento e a afirmação pública de suas diferenças culturais é, portanto, historicamente falsa. Essa exigência só surgiu recentemente. [...] Os grupos minoritários não forçaram os políticos a introduzir medidas multiculturais. Ao contrário, o próprio desejo de celebrar sua identidade cultural foi, ao menos em parte, moldado pela implementação de políticas multiculturais (Malik, 2013, p. 43, tradução nossa).

Ao recusar privilegiar uma mistura social e étnica total e ao remeter constantemente uns e outros a suas origens estrangeiras, criou-se uma situação que agora parece difícil de enfrentar. Para ilustrar o problema que sempre se colocou para a França quando se trata dos cidadãos cuja presença está atrelada ao passado colonial, basta este simples caso: "A Marcha pela Igualdade e contra o Racismo", nome escolhido por seus idealizadores, que expunham claramente suas reivindicações, foi imediatamente rebatizada como "Marcha dos Beurs"[43]. Não foram os manifestantes que decidiram etnicizar para a posteridade esse momento decisivo da vida social francesa. Essa geração de franceses considerados não conformes, que buscavam se integrar plenamente ao seu país nos anos 1980, não estava preocupada com interseccionalidade ou apropriação cultural. Sua luta era contra o racismo e as desigualdades. Eles se queixavam de não serem vistos como os franceses que eram e que, no fundo, se sentiam ser. Seu movimento era um ato de fé no país e, acima de tudo, uma declaração de amor. Nada semelhante ocorreu desde então, e é pouco provável que volte

---

43 N.T.: Termo usado para designar os jovens de origem magrebina que nasceram na França.

a acontecer em tal escala. As afirmações de Hanifa Taguelmint, uma das figuras do documentário *Français d'origine contrôlée*,[44] transmitido há alguns anos no canal France 2, resumem o que aconteceu de ambos os lados: "Nós nos oferecemos à França, mas ela não nos quis". A resposta do país foi a elaboração de um antirracismo festivo, mais moralista do que político, pois a definição de racismo assumiu um caráter quase emocional. O racismo passou a ser, sobretudo, um caso de alguns indivíduos que tinham o defeito de não gostar dos outros. Não se tratava de um problema abertamente político, de uma longa história de alterização negativa, de estruturas sociais contaminadas pela experiência colonialista do país, de uma recusa categórica de abrir mão de seus privilégios para compartilhar o mesmo direito com todos e cumprir as promessas republicanas.

As políticas urbanas francesas não se aventuraram a promover organizações que supostamente deveriam representar os grupos étnicos, como aconteceu na Grã-Bretanha, segundo Kenan Malik, nem levaram a uma redefinição do conceito de igualdade, que deixaria de garantir os mesmos direitos a todos sem distinção de raça, etnia, cultura ou religião, para assegurar direitos adicionais a certas pessoas com base nesses elementos diferenciadores. Entretanto, elas se diferenciaram do método inglês apenas no plano semântico, pois a política dos irmãos mais velhos (*grands frères*),[45] por exemplo, permitia evitar a transferência direta às comunidades. No entanto, era exatamente disso que se tratava. A ideia de irmãos mais velhos sub-remunerados pelas autoridades locais para assegurar a paz social parece absurda. E é. Mais tarde, os irmãos mais velhos — os mesmos ou outros, não

---

44 N.T.: Em tradução livre, *Francês de origem controlada*. Vale dizer que na França a expressão *français d'origine*, ou seja, francês que tem uma origem não francesa, é pejorativa, apesar de ainda ser muito utilizada em diferentes contextos. Um dos casos mais emblemáticos foi o da Copa do Mundo de 1998, cujo título foi contestado por muitos nacionalistas que acreditavam haver "estrangeiros de mais" na seleção de futebol da época.

45 N.R.: Recrutamento de moradores do bairro, chamados de "grands frères" (irmãos mais velhos), adotado em algumas áreas urbanas da França nas décadas de 1980 e 1990, para lidar com a violência e com a desintegração social em áreas problemáticas, geralmente dominadas por populações imigrantes ou marginalizadas.

se sabe ao certo — foram apontados como machistas patológicos, tiranos de suas irmãs. Não deveriam ter pensado nisso antes? Se o poder deles não era financeiro, o que poderia ser em uma sociedade viriarcal? Ninguém ignora que o corpo das mulheres é muitas vezes o único território acessível aos homens dominados.

Houve também o apoio às chamadas associações culturais, cujas atividades agora são criticadas. O que interessa aqui é a maneira como, sem dizer explicitamente, a responsabilidade foi delegada às comunidades — tanto étnicas como sociais — para não resolver os problemas, conter a raiva nas zonas sensíveis ou manter ali as populações que deveriam ter sido protegidas para evitar o confinamento entre elas. O que se deve esperar quando, num país que se diz avançado, se criam condições de vida em que a miséria de uns se reflete no sofrimento de outros? Sem dúvida, era mais fácil proceder assim. Foi o que fizeram com os alojamentos da Sonacotra (Serafini, 2000), nos quais os trabalhadores imigrantes eram agrupados de acordo com sua origem. Assim, os parisienses conheciam, em certos bairros da capital, alojamentos de malineses ou senegaleses. Esse confinamento permitia situar os indesejáveis permanentemente e, quando necessário, aplicar-lhes, através da polícia, um tratamento colonialista. Foi assim que se fabricaram estrangeiros internos: falando de integração enquanto se recuava diante da inclusão.

A "Marcha pela Dignidade e contra o Racismo", que aconteceu no final de outubro de 2015, foi bem diferente daquela que a precedeu nos anos 1980. Embora a questão da brutalidade policial tenha sido central nos dois casos, a reivindicação igualitária desapareceu na segunda. Em vez de ver isso como um testemunho de derrotismo, considerando esse objetivo inatingível, o fato de a reivindicação de igualdade não ter sido formulada indica uma ordem de prioridades um pouco diferente das atuais, após o agravamento de algumas dificuldades. Num contexto em que definitivamente todas as vidas não parecem ter o mesmo valor, em que se trata primeiro de preservar a própria integridade em todos os níveis, parece mais importante afirmar sua dignidade. A demanda por igualdade está subjacente. Alguns editorialistas apontaram a deriva comunitária da manifestação, durante a qual, é verdade, havia slogans como: "Não vou me juntar a colonos". Porém, num artigo publicado sobre o assunto, o antropólogo Michel Agier (2016) via na expressão dos manifestantes, embora focada em reivindicações categóricas, uma forma de lutar pela fraternidade.

A identidade, independentemente da maneira como é entendida e apresentada, é hoje o último ancoradouro que a sociedade concede a uma parte da população. Nesta época que recicla com paixão os arcaísmos, esse estado das coisas não diz respeito apenas às minorias. Ora, como já destacamos, as populações desfavorecidas, nesse aspecto, não alcançarão um patamar mais alto que o do grupo dominante. Muito pelo contrário. Pelo menos para evitar a hostilidade, eles seguirão os passos dos detentores de direito designados, que fazem ecoar, todos os dias, angústias identitárias inadmissíveis por parte daqueles cuja cultura continua a se impor a tantos povos através de instituições cuja missão é essa. Será difícil voltar atrás. É, portanto, a partir do estado atual das coisas que se deve trabalhar e apresentar propostas. Para que essa situação evolua de maneira positiva, a primeira responsabilidade recai sobre os privilegiados, os detentores do poder. As escolhas deles determinam o clima social. Depois de décadas de contorno dos problemas, de covardia diante do passado colonial e, portanto, da impossibilidade de adentrar outro tempo histórico, espera-se por ações que devem indicar claramente o que é a fraternidade dentro da República francesa.

Para a Afropea, que reivindica tanto suas raízes europeias quanto suas conexões subsaarianas, parece evidente que a identificação pacificada com uma França ainda imersa em seu hábito colonial é inconcebível. Amar seu país não significa se conformar com os erros que ele comete, nem aprovar seus crimes, sobretudo quando carregamos em nós a lembrança das vítimas. Amar seu país é, ao contrário, contribuir para que ele ocupe seu lugar entre as nações do mundo da maneira mais ética possível. E lutar para que isso aconteça de fato. Os anticolonialistas franceses tinham uma ideia positiva de seus país. Eles se recusavam a vê-lo errar, acreditavam que ele era capaz de oferecer à humanidade algo mais do que um sistema degradante. *My country, right or wrong*[46] não era o lema deles. Eles não eram maioria, não ganharam a batalha, pois a decolonização estava por vir. Mas permitiram que a França não perdesse completamente sua alma, imaginando que um dia, quando atingisse a idade da razão, ela poderia se tornar esse grande país cujo credo é a igualdade de direitos e a fraternidade.

A Afropea diz que chegou o momento da maturidade, que é tempo de fazer a França acontecer. Trata-se de uma escolha: legitimar todos os filhos da nação, escrever a continuação da história da relação, esse novo capítulo que relata a efetividade da decolonização. A Afropea expressa a exigência de uma transformação, uma saída da ocidentalidade. Não basta fazer justiça, reparar o que for possível, mas é necessário abandonar as posturas de dominação para entrar numa era mais igualitária. É impossível se submeter às imposições que pedem para aceitar sem nunca questionar o conteúdo da herança histórica, pagar sem hesitar as dívidas deixadas, a fortiori quando fazemos parte dos credores. É impossível reverenciar figuras que se destacaram na conquista, na escravização. Em vez de ver isso como uma condenação da França, da Europa, uma atribuição de culpa colonial, um apelo ao arrependimento, deve-se entender essa recusa em abraçar os operadores da conquista como uma oportunidade. Com sensibilidade, a Afropea oferece à França uma oportunidade de reatualizar sua perspectiva das noções de poder, heroísmo e prestígio. Elas não se aplicarão mais aos agentes da Descoberta, aos construtores de impérios, aos oficiais coloniais, esses indivíduos cuja posteridade está erguida sobre pilhas de cadáveres.

Não se tratará mais de honrar aqueles que souberam esmagar melhor, aqueles que espoliaram com método, aqueles que massacraram sem pestanejar, aqueles cuja venalidade gerou crueldade. O mundo para o qual queremos nos encaminhar exige essa transformação. Chegar a um acordo sobre esse ponto é a primeira das reparações

---

46 "Meu país, certo ou errado", fala do senador germano-americano Carl Schurz em 1871. Atribuídas equivocadamente a Winston Churchill, essas palavras ressurgem frequentemente nos discursos nacionalistas franceses em oposição aos grupos minoritários ou à lembrança da história escravagista e colonial do país.

diante de crimes de natureza tal, e a compensação absoluta é inconcebível. Sem sofrer nenhuma pressão por isso — e de onde ela viria? —, os parlamentares franceses adotaram a Lei Taubira, de 2001. Esse texto reconhece as deportações transoceânicas e a escravidão colonial como crimes contra a humanidade. Os membros da Assembleia Nacional não ignoravam a imprescritibilidade nesse caso, o que justificaria que a nação punisse simbolicamente os criminosos. Eles não estão mais neste mundo, mas suas ações ainda têm repercussões, e, aqueles que gostariam de inocentar seus antepassados sob o argumento de que não eram poderosos naquela época, devem se fazer três perguntas simples: 1) Qual era a atividade desses ancestrais de mãos puras? 2) Eles consumiam produtos coloniais (café, açúcar, chá, tabaco, algodão etc.)? 3) O país deles lucrou com o crime? Não é preciso continuar para compreender a responsabilidade moral, a necessidade de condenação e de reparação. Toda a sociedade francesa é pós-escravagista, e essa característica não se restringe às antigas colônias. Trabalhava-se para a metrópole, onde eram fabricados os produtos ditos *de tráfico*, onde eram construídos os navios de deportação, onde eram recrutados os tripulantes, onde os comerciantes enriqueciam. Como as deportações transoceânicas e a escravidão colonial foram crimes de Estado, as reclamações devem ser endereçadas a ele em primeiro lugar. Ao Estado que indenizou os fazendeiros escravocratas, mas não os escravizados ou seus descendentes.

Ao pôr fim à monarquia, a República não aboliu sua continuidade histórica. Os revolucionários profanaram o túmulo dos reis da França, remontando até Clóvis. Em poucos dias, destruíram monumentos que existiam há séculos, para recuperar os metais e fabricar armas. O remorso logo os dominou. A vala comum foi reaberta. Recuperaram os fragmentos que podiam ser salvos (Épisode [...], 2015). Porque a história não se apaga sem levar consigo o significado. Aliás, alguns consideram que a França, a verdadeira, é a entidade que antecedeu a Revolução. Desde então, viveríamos numa espécie de parêntese tenebroso que eles têm pressa de fechar. Contudo, são justamente essas pessoas as primeiras a se ofender com o atrevimento dos descendentes de escravizados em pedir pela reparação. Ora, se a própria França só se tornou o que é recorrendo ao tráfico humano e à escravização, é difícil entender como esses queixosos, muitas vezes cristãos, se recusariam a expurgar do espaço público aqueles que, com seus atos, ofenderam a mensagem de Cristo. É fácil demonstrar isso para a corja direitista, para a qual a instalação de presépios no hall de entrada das prefeituras é agora um gesto de restabelecimento identitário.

Como outros também fizeram, sugeri que a figura de Colbert não seja mais homenageada. Não se trata de puni-lo com uma *damnatio memoriae*, uma condenação ao esquecimento, mas de não mais o celebrar no espaço público. O que ouvi na ocasião? Eu adoraria saber o que incomoda tanto, mas, enfim, a França, ao se pronunciar sobre uma parte de sua história, disse: "Crime contra a humanidade". Não se trata nem mesmo de saber se, em seu íntimo, Jean-Baptiste Colbert era racista. Sabemos, e isso basta, que desde essa época os franceses se indignaram com a prática escravagista, na qual viam um crime de *lesa-humanidade* (Serna, 2017). O relato comovente dos habitantes de Champagney, em Haute-Saône, em seu livro de reclamações de março de 1789, é bem conhecido nos dias de hoje. O fato de Colbert ter sido um grande ministro do Rei Sol não significa nada diante de um crime cuja natureza nunca foi ignorada por ninguém. Sem cometer anacronismo, ao analisar essas questões, as mentes progressistas deveriam levar em conta a condição e o ponto de vista dos oprimidos. Aquelas pessoas eram seres humanos. Terem vivido em tempos agora passados não apaga essa verdade. E a França disse, pela voz dos eleitos pelo povo: "Crime contra a humanidade". Essas palavras, que outras potências antes escravocratas se abstêm de pronunciar, são para ela tanto uma honra quanto uma obrigação.

Aceitar, antes de tudo, a justiça. Perguntar-se, com toda a serenidade, o que estaríamos dispostos a sacrificar para pacificar as memórias, para fraternizar com aqueles cuja vinda ao mundo ocorreu através da abertura de uma ferida. Os descendentes de subsaarianos deportados ou colonizados são hoje franceses porque seus antepassados sobreviveram ao horror da escravidão, à violência colonialista.

Sem dúvida, minha cabeça teria sido colocada a prêmio se eu tivesse ousado sugerir, como era minha intenção, que a figura de Colbert fosse substituída em todos os lugares pela de Louis Delgrès. Numa França livre do jugo colonialista, poderia haver um consenso em relação a Delgrès. A França, tal como se apresenta ao mundo, estaria mais em harmonia consigo mesma se escolhesse homenagear aquele que, conduzindo seus companheiros na luta contra o restabelecimento da escravização e preparando-se para o sacrifício final, começou seu discurso com estas palavras:

> Ao universo todo,
>
> O último grito da inocência e do desespero.
>
> É nos dias mais belos de um século que será para sempre célebre, graças ao triunfo das Luzes e da filosofia, que uma classe de desafortunados que querem aniquilar se vê obrigada a elevar a voz para a posteridade, para que se conheçam, quando ela tiver desaparecido, sua inocência e sua desgraça (Comité National pour la Mémoire et L'histoire de L'esclavage, 2009, tradução nossa)...

Delgrès não falava de raça, mas de uma classe de desafortunados. É possível ser mais francês do que isso? Que resposta dá a posteridade a esse homem e seus companheiros que morreram em nome dos ideais da França? Como continuar a traí-los reverenciando Colbert, que redigiu o Code Noir, ou Napoleão, que restabeleceu a escravidão? De que lado estava a grandeza ontem e onde ela está hoje? Aqueles que se alarmam com a iminente extinção da França porque ela teria sido invadida por pessoas vindas de outros lugares, e dinamitada por uma gregarização étnica dessas pessoas, acham urgente escrever, ler, contar a história do país sem levar em conta as experiências das minorias. Seria a única forma de fazer a França perdurar. Isso é discutível, mas convenhamos. Esse posicionamento define a França apoiando-se na maneira como ela se engajou na ocidentalidade. Como os franceses que não são e que jamais serão ocidentais poderiam endossar tal história? Como eles devem habitá-la?

É essa impossibilidade com a qual nos confrontamos que leva ao suicídio os ameríndios da Guiana Francesa (Gery; Mathieu; Gruner, 2014), uma população que podemos supor que vê seu território ancestral como ocupado. É também a insensatez dessa atitude que reforça em muitos afrodescendentes do Caribe francês a ideia de que a França jamais os reconheceu como parte dela. É a arrogância dessa postura que revolta os grupos minoritários da França europeia, incitando-os cada vez mais a buscar outros destinos que nunca realmente alcançarão e que, na verdade, enfrentam outras prioridades que a de acolher as minorias que a França rejeita. Perguntamo-nos como uma história imperialista deveria ser transmitida, atualmente, em Caiena ou em Pointe-à-Pitre, se é uma questão de acreditar que essa é toda a história e por isso devemos nos orgulhar dela. Os cidadãos desses territórios não europeus são franceses porque a França quis assim. E ela não fez isso por grandeza de alma. A França precisa estar presente nesses territórios. Ela tem interesse neles para poder continuar sendo uma potência marítima. A França precisava da força de trabalho dos imigrantes que trouxe e que geraram uma descendência.

Hoje em dia, é impossível imaginar um discurso sobre o país que omita essas presenças e suas especificidades. Não se trata de ensinar às crianças a história dos países de origem de seus ancestrais, se não for a história da França. Esses assuntos podem ser abordados de forma geral nos primeiros anos escolares e aprofundados por aqueles que escolherem essas especialidades no ensino superior. O que é preciso, antes de tudo, é fazer conhecer a história particular que a nação compartilha com cada um desses grupos minoritários, o que os torna franceses tão legítimos quanto todos os outros. Antes de lembrar que eles tiveram antepassados gloriosos fora do país, é necessário dizer, de forma precisa, por que razão eles são franceses. Não é por causa da existência pregressa de reinos na África. Propondo-se como uma transversalidade identitária, como um projeto que busca a expansão dos dois universos de que ela é originária, a Afropea leva a França a se desocidentalizar. A França tem a particularidade de não ser exclusivamente europeia. Algumas de suas regiões pertencem a outros espaços geográficos e culturais.[47] Ela é chamada a reconhecer sua plurietnicidade, o caráter múltiplo de sua identidade.

Esse pluralismo não nasceu ontem. Algumas análises apresentam o país como um Estado multinacional, dada a diversidade de povos — assimilados a nações que têm, em sua origem, uma língua, uma cultura — que ele agregou para se constituir. Aliás, a França não é a única com esse perfil. O mesmo ocorre com a Espanha, a Inglaterra e a Suíça (Martínez, 2017). Na França, as identidades regionais, ou seja, as das nações de outrora, persistem como podem, com a centralização tendo levado muitas vezes ao desaparecimento das línguas. As particularidades regionais são consideradas diferentes facetas da identidade comum e agora são patrimônio de todos, a riqueza do país. Isso é uma coisa positiva. Os franceses dos espaços não europeus deveriam ser mencionados e suas nações deveriam ter o direito à cidadania.

Os comentaristas da atualidade, editorialistas ou intelectuais, nunca incluem essas regiões distantes em sua compreensão do país, de sua história, de sua cultura. Isso significa que eles não falam da França como ela realmente é, como suas conquistas a moldaram. É mais confortável para eles omitir que esse país não é um hexágono, mas sim um arquipélago, um território fragmentado. É mais fácil para eles apagar esses lugares onde indígenas caribenhos foram massacrados, onde se praticou a escravização colonial, onde se recorreu à servidão, onde as mulheres foram esterilizadas — o que foi uma prática de caráter genocida, na medida em que atentou contra a sobrevivência de determinadas populações. Esses são os traumas dos quais as memórias minoritárias estão impregnadas. Uma das primeiras etapas da desocidentalização do país deveria envolver a inclusão desses territórios distantes no discurso, mas também nas preocupações da maioria. Não é possível, ao mesmo tempo, orgulhar-se de lançar foguetes da Guiana Francesa e permanecer surdo às queixas das populações autóctones desse território — para dar apenas um exemplo. A França

47 O arquipélago de Saint-Pierre-et-Miquelon é uma exceção, mais por razões históricas e culturais do que por sua localização.

europeia ignora todas as reivindicações territoriais, os fortes protestos contra projetos de exploração de minérios, tais como o da Montanha de Ouro.[48] Isso não vira manchete, a não ser no local onde o drama acontece. Também se deveria dar mais atenção para os planos culturais e educacionais dessa parte do país.

Se admitimos que a representação das minorias que vivem na França europeia ainda precisa melhorar em todas as esferas, a das populações mais distantes não parece ser um tema para ninguém. No entanto, elas deveriam, como os outros franceses, ter o privilégio de ver seus traços escolhidos para representar o país, tanto interna quanto externamente. No exterior, apenas pessoas muito eruditas sabem que na França existem ameríndios, descendentes de subsaarianos deportados e descendentes de indianos.[49] De que maneira a República francesa confraterniza com os indígenas Kali'na, Teko e Wayana? Marianne poderia ter os traços de uma mulher ameríndia? Ou os de uma mulher Kanak? O desfile do Quatorze de Julho algum dia terá a participação das comunidades Saramaka e Aluku? Mais do que uma marcha militar, a festa nacional deveria ser uma celebração de todos aqueles que compõem a França, uma afirmação dos laços que os unem, a prefiguração do novo mundo que nascerá dessas núpcias. Só assim finalmente assistiríamos a uma manifestação pós-ocidental, a uma ascensão da humanidade.

A Afropea, que escolheu para si um perfil mais cultural do que racial, convida a adentrar um mundo pós-racista. Não se trata de negar as diferenças fenotípicas, nem a incidência que elas ainda têm nas trajetórias individuais e coletivas. Simplesmente, não nos determinamos por isso, não nos definimos a partir da negatividade projetada pelos outros sobre nós. Também não se trata tanto de nos contentarmos

48 N.R.: Projeto de mineração de ouro na Guiana Francesa, nas redondezas de duas reservas ecológicas da Floresta Amazônica, alvo de protestos por seu grande impacto ambiental.

49 N.E.: Após a abolição da escravatura em solo francês, indianos foram contratados, em grande número, pela Companhia das Índias Orientais para substituir a mão de obra escravizada em territórios franceses além-mar, à época colônias. No entanto, considera-se que o trabalho dos indianos era forçado, apesar de serem livres juridicamente. Esse período da história francesa ficou conhecido como *engagisme*.

com o fato de que os cientistas concordam em afirmar que as raças não existem. Antes eles pensavam o contrário. A questão não é o surgimento de uma era pós-racial em que se pretendesse não mais atentar para a raça, dada sua inexistência. No caso das pessoas de ascendência subsaariana, afirmar que não se vê o fenótipo equivale a não ver nada. Isso de forma alguma garante que não teríamos dado importância ao que, se tivéssemos visto, teria chamado nossa atenção. Dizer que não vemos é, sobretudo, afirmar que não queremos saber, que nos recusamos a ser incomodados por toda a confusão histórica, por todo esse grande negócio da relação. Mas é claro que é preciso ter em mente que a origem da noção de raça é ideológica e histórica, ancorada no colonialismo e no capitalismo europeus (Quijano, 2007).

O fato de essa noção ter sido interiorizada pela maioria das pessoas leva à escolha de diferentes estratégias para combatê-la. Sem pleitear o reconhecimento das raças biológicas, é importante afinar o discurso. As mentalidades não vão evoluir da noite para o dia. Trata-se de responder àqueles para os quais a raça biológica existe, sem se limitar apenas à formulação de objeções. É preciso adotar uma postura segundo a qual, ainda que as raças existissem, se fosse possível demonstrá-lo, não se utilizaria isso para estabelecer uma hierarquia, justificar a opressão, legitimar o empobrecimento de populações inteiras ou seu rebaixamento social. Os discursos deveriam seguir nesse sentido, rumo a uma abolição das noções de superioridade ou inferioridade baseadas nas diferenças fenotípicas e genéticas. O problema não está numa eventual existência das raças biológicas — nas quais se baseiam as raças sociais —, mas no uso que pode ser feito delas. Parece mais fácil negá-las do que combater as tentações dominadoras a que elas permitem ceder. Basta ouvir os nacionalistas franceses atuais para perceber que o discurso científico não os atinge, já que eles têm seu próprio discurso. É assim que eles brandem os testes de rastreamento da anemia falciforme, realizados de maneira sistemática nos recém-nascidos de certas camadas da população, para determinar o número de pessoas com a doença e corroborar a tese da invasão migratória.

Por ser uma doença do sangue que não afeta pessoas de ascendência exclusivamente europeia, a anemia falciforme está associada à raça e oferece confirmação suficiente. Os racistas também se apoiam em testes de quociente de inteligência (QI), frequentemente contestados. Ao consagrar dessa forma as diferenças raciais, eles se alarmam com a péssima qualidade do material genético que, penetrando na França, degrada a raça branca. Pois sempre haverá esquerdistas, globalistas, que imaginam não haver riscos em procriar com raças inferiores. E até desejam isso ardentemente. Aliás, é à presença excessiva de pessoas com patrimônio genético de menor valor que se atribui o declínio da França. Percebe-se que é pouco eficaz afirmar que as raças não existem, pensando que assim acabamos com o racismo. A inexistência de raças não impediu que uma ministra da República fosse chamada de macaca e enviada de volta à sua selva, o que demonstra que a classe não transcende a raça como categoria social e política.

Para contestar a atuação de Christiane Taubira como ministra da Justiça, não era necessário animalizá-la. A atuação dela, portanto, não era o tema. O problema era que uma afrodescendente ocupasse tais funções num país de raça branca, uma vez que é assim que algumas pessoas o representam, e principalmente por ela ser, ainda por cima, brilhante, culta e pouco inclinada a baixar a cabeça. Algumas pessoas na França nutrem um ódio feroz por Christiane Taubira porque um dia ela se apresentou diante da Assembleia Nacional, com suas tranças, expressando tanto sua força como sua graça, para enunciar o seguinte:

> Estamos aqui para dizer que, se a África está atolada no subdesenvolvimento, é também porque gerações de seus filhos e filhas foram arrancadas dela; se Martinica e Guadalupe dependem da economia do açúcar, dos mercados protegidos, se a Guiana Francesa tem tanta dificuldade em controlar seus recursos naturais (especialmente a madeira e o ouro), se a Ilha da Reunião é forçada a comercializar tão longe de seus vizinhos, isso é o resultado direto da exclusividade colonial [...]
>
> Estamos aqui para dizer que o tráfico e a escravidão foram um crime contra a humanidade [...] (Christiane [...], 2022, tradução nossa).

Menciono o ódio que essa fala lhe valeu porque também fui vítima disso, de forma bastante direta, no ano em que meu primeiro romance foi publicado. Na editora que publicava meus livros na época, uma pessoa que frequentava muito os meios políticos achou útil me apresentar para alguns de seus conhecidos. Durante um jantar em *petit comité*[50] num dos palácios da República, ouvi coisas inacreditáveis sobre Christiane Taubira. Quase todos os negros em destaque na época foram alvo de críticas. As pessoas afirmavam que os mais militantes tinham sido comprados, quando infelizmente nem tinham se dado um preço. Mas nenhum recebeu tantos insultos quanto Christiane Taubira, mal seu nome era pronunciado. Permaneci impassível, consciente de que estavam observando minhas reações para saber como eu poderia ser útil e qual seria meu preço. Quando saí do jantar, achei que fosse desmaiar de tanta indignação. Eu já tinha um profundo respeito por essa senhora, uma grande admiração. Nutria por ela certa afeição desde uma tarde de dezembro de 2004, quando nos cruzamos durante uma manifestação chamada "Haïti debout!"[51].

Na pequena sala do Centro Pompidou, onde acontecia o evento, a senhora Taubira tinha instaurado uma energia vibrante e acolhedora. Cumprimentando amigavelmente algumas pessoas da organização, ela veio em minha direção, estendendo a mão e perguntando onde já tínhamos nos encontrado. Ali, naquele instante. Meu primeiro romance só seria lançado em agosto de 2005. Desde aquele jantar funesto, meu carinho por ela só aumentou, pois percebi o que ela precisava enfrentar sem reclamar. E sozinha, pois uma certa solidão sempre acompanha os pioneiros, os inesperados, os inclassificáveis. No início, querendo oferecer-lhe algo, eu sempre enviava à Assembleia Nacional meus livros com uma dedicatória. Mas parei de fazer isso porque sempre me causava angústias indescritíveis: Será que eu tinha escrito rápido demais e cometido algum erro? Minha dedicatória não deveria ter sido mais profunda? Minha mão teria tremido

50 N.E.: Reunião entre um pequeno número de pessoas ou restrita a pessoas íntimas.

51 N.T.: Em tradução livre, "Levanta, Haiti!".

demais, deixando meu texto ilegível? O que ela iria pensar dos livros? Era emoção demais...

Não consigo reler seu discurso do dia 18 de fevereiro de 1999 sem chorar de gratidão. Porque era importante que aquelas palavras fossem ditas. Porque ela o fez com a eloquência de sempre, com a exatidão necessária. Era preciso, ao mesmo tempo, descrever o crime e lembrar a humanidade das vítimas, o que se deve a elas, as desigualdades que persistem por causa dessa história. Mas também se ouviu no começo desse longo discurso: "Nossas intenções não são de revanche...". Poucas pessoas no país, incluindo as que se dizem de esquerda e cujas habilidades de caça estremecem as redes sociais, conhecem esse discurso ou o estudam. Tudo o que afirmam ter assimilado desse momento em que uma mulher vinda da França sul-americana procurava restaurar a honra de seu país foi o apelo ao arrependimento. A lei tinha sido adotada em primeira instância pela Assembleia Nacional em 1998. Por unanimidade. Em seguida, o Senado a adotou em 2001, em segunda instância. Tudo aconteceu como se a representação nacional tivesse despertado de um encantamento, perguntando-se, apavorada, o que estava acontecendo ali. Daí a brutalidade dos insultos alguns anos depois. Daí a ausência, durante muito tempo, de fortes ações propostas em nível nacional. Pouco trabalho realizado para que nos identifiquemos, nos confraternizemos, para que desracializemos, não os eventos em si, pois isso não seria possível, mas a leitura que se deve fazer deles muitos séculos depois.[52]

Nada foi feito para que nos reconhecêssemos na figura das vítimas e para que elas alcançassem o status de ancestrais. Elas, cujo trabalho não remunerado construiu a prosperidade da França. Elas, cujas famílias podiam ser separadas da noite para o dia. Elas, às quais a intimidade era proibida. Elas, para as quais o amor era um

52 A Fundação pela Memória da Escravidão foi inaugurada em 2019. A construção, em Tuileries, de um memorial em homenagem às vítimas da escravidão colonial foi anunciada para 2021. São avanços que devem ser celebrados, ainda que se permaneça vigilante à capacidade dessas instituições e estruturas em promover um discurso direcionado a todos, independentemente de suas origens. Trabalhar para que as gerações futuras saibam o que aconteceu, sem que para isso seja preciso deixar-lhes um legado de dor.

risco imenso. Elas, que viveram, criaram, amaram, apesar de tudo. As pessoas reduzidas à condição de escravas souberam existir para além de sua condição. Suas experiências têm muito a ensinar. Mas o assunto é polêmico demais. Já fizemos o bastante. Muitos franceses têm dificuldade de entender que o crime contra a humanidade pede medidas adequadas para aqueles que, sem paralelos na história humana, são fruto de uma violência indescritível. Ser descendente de subsaarianos deportados e depois escravizados é ter sido constituído por um crime contra a humanidade. É, ao mesmo tempo, ter nascido disso e sofrido isso. Nessa escala, como falamos de centenas de milhões de pessoas através das Américas e do Oceano Índico, não existe caso comparável.

Christiane Taubira não ressaltou o que acabei de expor. Essa observação é importante para que o radicalismo da minha visão não lhe seja imputado. A então deputada da primeira circunscrição da Guiana Francesa exortava seus concidadãos não a se flagelar continuamente para demonstrar a opressão que sofriam, mas a adotar um senso de responsabilidade. Fazer justiça, apaziguar, fraternizar. Dos três termos do lema nacional, a fraternidade é o único que não se aplica a um campo passível de ser submetido à legislação. Mesmo que se fale de uma *fraternidade republicana*, implementá-la exigiria um movimento na direção do outro, uma capacidade de se reconhecer nele. O que está em jogo, afinal, é se a França é de fato uma nação.

Não foram necessários grandes esforços para aplacar a consciência retirando a palavra "raça" da Constituição francesa, já que ninguém se concentrou na tarefa de promover realmente a fraternidade. Considerou-se adequado propor a perda da nacionalidade aos binacionais, atribuindo seus males a essa ascendência estrangeira que faz deles indivíduos racializados dentro da sociedade francesa. Todos os silêncios e estratégias de evasão só serviram para deteriorar ainda mais a situação, até chegar a um ponto de irreversibilidade, em que alguns clamam em alto e bom som: "Não vou me juntar a colonos". Chegamos agora a esse ponto, no centro dessa decadência que muitos chamam de declínio da França. Trata-se, sobretudo, das consequências de sua recusa em assumir todos os seus componentes humanos, todas as presenças sem as quais não haverá apenas uma derrocada mas também uma guinada rumo ao nada. A Afropea não pode se resolver com um movimento em direção à escuridão.

No caso francês, a Afropea faz mais do que reivindicar o que lhe vem dos dois continentes. Ela quer unir a França europeia às partes do país marcadas por outras sensibilidades, outras culturas, outras geografias ao mesmo tempo físicas e íntimas. Para admitir que houve realmente um encontro entre os povos, será preciso fazer algo além de se empanturrar de chocolate ou de se fantasiar de negro no Carnaval. O que se espera, num primeiro momento, é que a França aceite as alterações que ocorreram com ela em decorrência dessa relação e que, sobretudo no plano cultural, ela lhes dê liberdade de expressão. A classe política francesa, que proclama aos quatro ventos suas ambições eurafricanas, faria bem em reconhecer a afrodescendência francesa em toda sua multiplicidade como um dos elementos constitutivos de sua autodefinição, se lhe importasse que a África acreditasse em sua boa-fé.

Valorizar os filhos nascidos da relação com a África é indispensável para ter alguma legitimidade ao abordar esse continente. Isso deve ter importância quando movimentos de protesto subsaarianos adotam o lema "Fora, França", quando acontecem, em diferentes países do continente, "Processos da Françáfrica". É preciso, portanto, apressar-se em dizer aquilo que se é. Ensinar aos jovens franceses que eles têm ascendência subsaariana não porque o nascimento da espécie humana ocorreu no continente africano, mas porque a África entrou na história da França, em sua própria carne, já há muitos séculos. É difícil entender por que a França, tendo escolhido para si ancestrais gauleses que não eram os de todos, empenhou-se tanto em fazer com que eles fossem adotados pelos colonizados para agora se recusar a reconhecer que parte de sua ascendência é subsaariana. Isso seria muito menos artificial. E, depois de rever a ideia que construímos de grandeza, já não teríamos dificuldade em reconhecer, coletivamente, nossos antepassados escravizados nas antigas colônias. Alarmado com o encolhimento da identidade francesa e com sua falta de ousadia para se abrir e assim se regenerar, um renomado intelectual sugeriu:

> Se vamos buscar nossas origens, procuremos ancestrais dignos em vez de miseráveis. Devemos celebrar os heróis e não os canalhas, os justos e não os traidores, preservando a fidelidade ao melhor de nós mesmos (Bruckner, 2006, p. 248, tradução nossa).

Só podemos concordar com a sugestão e dizer que é por uma distorção do olhar que ainda temos dificuldade em reconhecer o melhor de nós nos traços dos escravizados. Ao menos em parte. A miséria mencionada por Bruckner nas linhas precedentes não se refere à situação material dos indivíduos, mas ao seu estado moral. Nesse sentido, o que podemos censurar nos escravizados? Cada vez que eles lutaram contra a opressão, procuraram também preservar a humanidade de seus torturadores. Rebelar-se contra a violência, contra a injustiça, significa recusar a própria degradação, mas também a do criminoso, que se autodestrói com suas ações. E isso é heroico. Se a experiência das pessoas que tiveram a condição de escravos continua incompreendida na França e em outros lugares — inclusive na África, onde a condição servil ainda existe sob variadas formas —, é porque, de modo geral, as sociedades humanas entendem o poder como sinônimo de dominação.

Desse ponto de vista, a condição de escravo é, por excelência, a do ser derrotado, a do ser vulnerável ao qual aconteceu o pior: a captura, a deportação, a expropriação identitária, a privação da liberdade, a indigência material. Ninguém deseja se identificar com tal figura, reivindicar a filiação a ela, exceto quando não tem outra escolha. E, mesmo nesses casos, é comum que afrodescendentes se identifiquem preferencialmente com uma África imperial, clamando: "Nós descendemos de reis e rainhas", os quais eram muitas vezes escravistas. Porque é mais confortável reivindicar a filiação com pessoas poderosas, ainda que pouco honradas. O poder a que queremos ser associados não é apenas o capaz de evitar o mal. Ele é, sobretudo, o capaz de fazer o mal, e que muitas vezes demonstrou aptidão nesse domínio. Por isso, o poder constitui uma fortaleza em que as pessoas buscam refúgio. Essa é uma das falhas universais da espécie humana, o que permite entender por que aqueles que dominam a arte de vencer sem ter razão continuam impondo sua lei. Frequentemente, essa expressão do poder encontrou aliados e foi imitada ao longo do tempo.

Essa forma de ver as coisas já não se adéqua às sociedades onde a história comum foi vivida de modo diferente conforme a distância geográfica, o perfil étnico e a condição política, como a de colonizado, por exemplo. Tal abordagem também não está em harmonia com as expectativas populares. No momento em que a verticalidade e a brutalidade do poder estão sendo cada vez mais contestadas, em que se anuncia uma redefinição da ordem viril que prevaleceu até aqui, quando as vozes outrora silenciadas se fazem ouvir, torna-se necessário reabilitar a vivência dos escravizados. E isso pode ser feito sem que se tente embelezar a realidade. Nossa época, em que as palavras silenciadas vêm à tona, finalmente permite contar toda a história e revelar a nobreza de existências percebidas como vis. Foram vidas de trabalho e luta contra a opressão, um combate que assumiu formas variadas, dentro das residências e fora delas. Foram vidas de reinvenção pessoal em lugares concebidos para a degradação, ou até mesmo para a aniquilação. Vidas de sofrimento, mas também de resistência e resiliência. Vidas que souberam frustrar os projetos de desumanização e criar identidades e culturas sem as quais nosso mundo não poderia ser descrito. Se essa é a face da derrota e da decadência, não lhe falta grandeza.

Os franceses que buscam um meio para criar uma sociedade alternativa, não opressora, poderiam reivindicar ancestrais quilombolas que fugiram das *plantations* para propor modelos opostos de sociedade. A história da captura, da deportação e da escravização que deu origem à condição negra é e sempre será a de um cataclismo para as vítimas: tanto para as que permaneceram em terras subsaarianas, enfrentando o insuportável luto por familiares que lhes foram arrancados, quanto para as que acabaram nas profundezas do oceano durante a travessia da Passagem do Meio,[53] ou ainda para as que desembarcaram nas *plantations* onde nasceriam gerações de humanos privados dos direitos mais elementares. No entanto, os povos originados desse crime contra a humanidade não se caracterizam pelo ressentimento, tampouco pelo desejo de vingança. Isso só existe em grupinhos, e não é incompreensível. Mesmo nesses casos, é raro que as pessoas sejam tomadas por pulsões homicidas ou que tramem conspirações terroristas.

As culturas oriundas das deportações transoceânicas impressionam pela singularidade e pela grande beleza de seus aspectos mais conhecidos. A França, que despreza as suas, frequentemente se deslumbra com as dos outros, sem questionar as razões de sua falta de interesse. É fato que as mesmas sensibilidades subsaarianas, misturando-se às das nações europeias, deram origem ao blues e ao jazz num lugar, ao *ska* e ao reggae em outro, ao som cubano ou à salsa em outras regiões. A contribuição africana teve, portanto, uma qualidade constante. Na França, entretanto, deu origem a músicas pouco valorizadas na parte europeia do país. A beguine, a valsa e a mazurca das Antilhas francesas não são tocadas nas principais emissoras da Radio France, mesmo durante greves prolongadas em que programas musicais extensos poderiam revelar artistas desconhecidos. O mesmo acontece em todos os campos da criação artística. Foi por esta razão que Spike Lee foi convidado para presidir o Festival de Cannes: ele não tem equivalente francês, ou seja, um diretor afropeu dedicado a narrar as experiências de sua comunidade. E isso não acontecerá tão cedo. No fim das contas, o que incomoda a França em seus afrodescendentes é justamente que sejam franceses e apresentem a ela um reflexo ao mesmo tempo insuportável e excessivamente semelhante. Será preciso lidar com isso, assumir plenamente quem se é, confrontar-se com a história da violência e do racismo na França, com as falhas do país nessa área.

---

53 N.R.: A Passagem do Meio refere-se à travessia forçada do Oceano Atlântico, realizada por navios negreiros que transportavam africanos capturados para serem escravizados nas Américas, entre os séculos 16 e 19. A expressão simboliza até hoje o sofrimento extremo e o genocídio causado pelo tráfico transatlântico de pessoas escravizadas.

É na França, mais do que em qualquer outro lugar, que deveria ser possível se identificar com a humanidade das pessoas e sua condição de oprimidos, e não com sua raça. É na França, mais do que em qualquer outro lugar, que os valores representados pelos escravizados deveriam prevalecer sobre sua aparência física. É na França, mais do que em qualquer outro país, que as pessoas deveriam ver um casal de negros na televisão e enxergar neles pessoas apaixonadas, como qualquer outro casal. Por enquanto, isso parece inimaginável. Quero relatar aqui uma experiência pessoal que atesta essa impossibilidade. Fui procurada por uma produtora de televisão que disse ter ficado, ao mesmo tempo, *entusiasmada, emocionada, verdadeiramente tocada* pela leitura de uma novela urbana de minha autoria, e escrevi então uma história que deveria ser adaptada para a TV. O projeto era de fato interessante, mas os dois protagonistas tinham ascendência subsaariana. Me pediram para embranquecer o personagem masculino, que era também o mais bem-sucedido socialmente. Os atributos do poder, mesmo modestos — ele era um contador autônomo —, deveriam ser reservados à branquitude. Se o cinema estadunidense concebeu a figura do *magical negro*, personagem cujo papel é levar o branco à redenção ou valorizar suas iniciativas e revelar sua bondade, o audiovisual francês só dispõe de um *white savior*, o salvador branco, também conhecido nos Estados Unidos. Este tem por vocação instruir o negro e, muitas vezes, salvá-lo de si mesmo.

Um dos exemplos mais emblemáticos disso está no telefilme *Fatou la malienne*[54] (exibido no canal France 2 em 2001), no qual a protagonista é vítima de um casamento forçado, violentada durante seis dias seguidos e sequestrada, até que Gaëlle, a amiga branca, a resgata do clã bárbaro que desejava destruí-la, a convence a denunciar o crime e a leva à Bretanha para se recuperar. A amiga de Fatou não é essencialmente francesa, já que ambas são, embora essa condição seja negada à personagem afropeia desde o título do filme. Gaëlle é branca e não poupa julgamentos à relação das minorias com sua parte não europeia.

54 N.T.: Em tradução livre, *Fatou, a malinesa*.

Esse filme, inspirado num caso real, causou muitos danos, não pelas situações descritas, mas pela forma como as soluções foram apresentadas e pela estigmatização de uma comunidade. As coisas poderiam ter sido diferentes se a contestação de práticas questionáveis tivesse partido do interior dessa comunidade, em vez de ser conduzida pela figura da salvadora branca. Adaptar um caso real para as telas também é escrever para a época presente. Numa sociedade desigual em termos de representação, oprimir os mais fracos e negar-lhes qualquer capacidade de transformação não honra o autor da obra.

Recusei-me a transformar meu personagem masculino em *white savior*, surpresa por ouvir que o público majoritário da França atual não se reconheceria no casal que imaginei. Estamos falando de um país voltado para o mundo, cujas salas de cinema exibem regularmente filmes estrangeiros, mesmo muito estrangeiros, em versão original legendada. A França como eu pensei que fosse, portanto. Essa história lamentável confirma a hipocrisia de uma parte da sociedade no que diz respeito às questões raciais. Duas mulheres uniram forças naquele dia para me convencer: a produtora, que me encomendara a história, e uma pessoa com um cargo relevante na programação de um canal público. O problema delas nada tinha a ver com a condição social precária da personagem feminina, nem com o fato de minha proposta remeter a padrões antigos nesse aspecto. A mulher negra estava bem no lugar em que a coloquei. Tudo bem deixá-la ali. Mas um homem branco acompanhar sua ascensão social — pois ela começava a ascender por seus próprios esforços — e lhe entregar seu coração faria muito mais sentido. Por sorte, não me impuseram o argumento comunitarista, como costuma acontecer, pois dois negros aparecendo em público por iniciativa própria já representa uma gangue étnica a caminho de acabar com a República. É preciso que se tenha escolhido associá-los porque se viu nisso um interesse particular, que muitas vezes vai contra o deles.

Os rostos afropeus estão cada vez mais presentes na publicidade. No entanto, quando se trata de casais, um de seus componentes deve ter ascendência exclusivamente europeia. Ao contrário do que se poderia pensar, essas imagens não promovem tanto a miscigenação, mas sim afirmam uma concepção de integração, de assimilação até. Falemos sem rodeios: para ser de fato membro da sociedade francesa, precisamos dar as costas para o grupo do qual viemos, agir como se tivéssemos dado à luz nós mesmos. Amar uma pessoa negra, quando também somos negros, não seria somente comunitarista, mas racista. Há alguns anos, nos corredores do Salão do Livro de Paris, uma leitora muito decepcionada me abordou. Ela tinha vindo só para me dizer o que pensava do meu romance *Blues pour Élise*, que a chocou. De fato, nesse texto que apresenta personagens afropeus vivendo suas vidas familiares e amorosas, havia apenas um casal misto entre quatro. E isso era racista, afirmou minha interlocutora indignada: Como eu pude...

Evitei perguntar a essa mulher o que nós, os outros, deveríamos pensar cada vez que vemos ou lemos histórias de amor que só incluem brancos. Será que, apesar de tudo, deveríamos levar em consideração a experiência humana dos personagens, projetando-nos neles? É o que fazemos. O tempo todo. Sem questionar. Inclusive quando o modo de vida deles, sua cultura, são diferentes dos nossos. As pessoas que reagem como essa leitora não são particularmente estúpidas ou más. A atitude delas revela o que é o racismo sistêmico, aquele que silenciosamente atravessa as estruturas sociais. Ele nem sempre é ostensivo e nem precisa ser, pois está arraigado em representações antigas, transmitidas ao longo do tempo, das quais as pessoas não se reconhecem como depositárias nem transmissoras. Como a história de um romance se passa na França, os casais apaixonados deveriam incluir protagonistas claramente identificados como franceses e, portanto, brancos. Se não é o caso, isso significa que a narrativa rejeita os franceses, não os deseja, recusa-se a fazer amor com eles. O que está em questão aqui é a visão que se tem de si mesmo. Esse olhar sobre si que impede que nos reconheçamos em nossos semelhantes, em figuras humanas.

Uma certa arrogância francesa oculta um desconforto não declarado, uma profunda falta de amor-próprio. Nesse caso, amar os outros é um desafio. Eles só podem existir para validar essa grandeza da qual não se tem tanta certeza quanto se gostaria de demonstrar. O desconforto de ser quem se é, amplamente difundido na França sob diversas formas, leva-nos a questionar como os subsaarianos puderam ser subjugados pelos franceses. A violência também está presente aí. Diante dessa pequenez, somos obrigados a refletir sobre o estado das sociedades que puderam ser colonizadas pela França. Se quem sai aos seus não degenera, os franceses de ascendência exclusivamente europeia não podem ser, de modo algum, diferentes de seus ancestrais, a não ser na percepção de si mesmos. Foi do lado dos colonizados que ocorreu uma reviravolta interna, criando africanos e negros onde antes não havia, atribuindo-lhes países, nacionalidades e línguas oficiais. Foi entre os colonizados que se criou pelo menos uma ruptura, senão uma ferida profunda.

Romance bastante acessível, escrito para minha filha, que ia completar 16 anos, *Blues pour Élise* retrata situações comuns: a família, a amizade, o casal. O que poderia haver de mais universal? No entanto, aquela mulher se levantou, se vestiu, saiu de casa, comprou seu ingresso, enfrentou uma fila, me procurou pelos corredores do Salão do Livro de Paris e aguardou o momento oportuno para se aproximar... A ocidentalidade é uma aflição de cuja gravidade não suspeitamos. E, se entendi direito as críticas que me foram feitas, ao reconhecer nossa humanidade na humanidade dos outros, quando lemos todos esses livros, quando assistimos a todos esses filmes, estamos sendo rejeitados sem saber disso. Aceitamos o racismo que sofremos. Essa é uma possível conclusão, e não seria completamente falsa neste caso. De fato, o racismo não é apenas uma questão de sentimento ou de moral, é também, e sobretudo, uma questão de poder. Poder de impedir alguém de ter uma residência ou um emprego, poder de garantir que você não seja visto nem ouvido, poder de falar em seu lugar, poder de submetê-lo a constantes controles de identidade etc. O racismo dispõe das ferramentas capazes de dificultar a realização pessoal, de silenciar e apagar indivíduos. É uma arma de destruição social e psicológica.

Para que brancos e negros pudessem ser igualmente acusados de racismo, para que essa acusação tivesse o mínimo sentido na sociedade francesa atual, seria preciso garantir que ambos tivessem assegurada a capacidade de destruição mútua. Não é o caso. O ressentimento que isso gera nos grupos minoritários, os atos de rejeição daí decorrentes e a necessidade de se reunir em comunidades próprias para se apoiar mutuamente não podem ser chamados de racismo. A existência de racialistas e essencialistas afrodescendentes em solo francês não altera em nada a realidade: eles não têm o poder de destruir o grupo majoritário, cujos membros, inclusive os menos favorecidos, desfrutam do privilégio de uma nacionalidade incontestada, da certeza de que sua cor de pele não os privará de emprego ou de moradia, da facilidade em circular no espaço público sem levantar suspeitas, e da confiança que advém do fato de adentrar um mundo criado por ancestrais cuja história é valorizada. A lista não é exaustiva. De modo geral, aqueles que se beneficiam desse conforto não percebem isso e não medem sua importância. O capitalismo produz por toda parte seus contingentes de explorados e, nesse aspecto, não faz nenhuma discriminação. Por isso, rapidamente esquecemos que determinadas sociedades têm estruturas racistas e que, por essa razão, nelas a ferocidade capitalista se soma à violência racista. Para alguns, trata-se de uma dupla penalização. O racismo não é a xenofobia, que é também condenável e está presente em todas as sociedades humanas desde tempos imemoriais. As duas palavras existem por bons motivos.

A Afropea é pós-ocidental porque, por mais europeia que seja, se recusa a endossar a violência contra o outro, aquele que é explorado, envenenado, expropriado e levado à morte para manter seu padrão de vida. O fato de incluir esse outro na definição do nome que ela adotou proclama sua oposição a tudo o que define o Ocidente. Este nada tem a ver com as antigas tradições dos povos europeus, com esses usos que remontam aos tempos em que a Europa ainda não tinha enveredado pelo caminho da ocidentalidade. Não é ao sistema chamado de Ocidente que devemos os queijos do Jura, já produzidos no século 13, nem a charcutaria do Berry, herdada dos gauleses, que forneciam esses produtos para Roma desde o século 5. Não há nada no Ocidente que se relacione à criação de um patrimônio e ao apego a ele. Ao contrário, a ocidentalidade se dedica a manipular os produtos tradicionais, adulterando-os para fins comerciais. Nem os imigrantes nem seus descendentes, dos quais tanto se queixam, participam desse saque. Na França, a preocupação com o patrimônio se curva facilmente diante da venalidade. Tudo está à venda, desde que o comprador pague o preço.

O capitalismo transforma tudo em mercadoria. Nas sociedades regidas por ele, é impossível sobreviver se não se tem algo a vender. As coisas são mais ou menos sutis e, em alguns casos, nós mesmos nos transformamos em objeto de troca. O que choca nas transações ligadas à prostituição é a forma brutal como elas revelam aquilo que é a condição predominante num ambiente capitalista. É necessária uma boa dose de cegueira para seguir em frente todos os dias. É igualmente importante concentrar-se em si mesmo, ignorar que todos deveriam ter acesso aos direitos que reivindicamos para nós. Por exemplo, exige-se que o preço do combustível seja reduzido, sem jamais considerar as consequências para as populações dos países produtores de petróleo.

Outros produtos se tornaram tão indispensáveis que a forma como são obtidos já não importa, desde que não haja risco de escassez. A ocidentalidade é uma espécie de canibalismo simbólico, estilizado: alimenta-se de vidas humanas sem muita cerimônia, pois elas se tornaram invisíveis. Quando não são invisíveis, a distância ou o fato de terem sido há muito tempo colocadas numa alteridade negativa impede a identificação, a solidariedade, a preocupação com a justiça. Comportamentos desse tipo são estranhos à Afropea. Quando o engajamento político desse território se tornar uma realidade para ela, a Afropea conduzirá a Europa a uma saída definitiva da ocidentalidade. Ela manifesta a presença do Sul no Norte, sendo esses dois polos categorias políticas. Concordo aqui com o sentido dado por Boaventura de Sousa Santos, para o qual o Sul não é um conceito geográfico, mas uma metáfora do sofrimento causado no mundo pelo capitalismo e pelo colonialismo. O Sul representa também uma oposição a esses fenômenos. Como tal, ele existe no Norte, através dos excluídos, dos marginalizados e das vozes reduzidas ao silêncio (Santos, 2011).

Ao se fazer ouvir esse Sul na Europa, será impossível agir sem levar em conta o impacto que as decisões tomadas terão sobre as populações distantes, especialmente quando se extraem recursos delas. Pertencendo a ambos os mundos, a Afropea não privilegia nem a Europa nem a África. Esta abriga um Norte que, aliado ao seu criador imperialista, incentiva a perpetuação de sua obra e usufrui dos frutos dessa cumplicidade. No posicionamento afropeu, é a correção da hegemonia europeia que poderá dar, àqueles que desejarem mantê-la, uma impressão de rebaixamento. A Afropea busca estabelecer um novo equilíbrio. A Europa atual ainda é dominadora, então a Afropea não pode ser. Ao assumir plenamente seu papel nas políticas adotadas em e por seu país, tanto dentro dele como no exterior, ela o regenera e o transforma. Ao impregnar as identidades europeias que sofrem por terem sido entregues à ocidentalidade, a Afropea lhes oferece um futuro ao mesmo tempo mais rico, mais ético e mais saudável.

> A identidade não é um confinamento, mas um ponto de partida que permite dar continuidade ao passado e reorientá-lo. Ela está sempre em reconstrução, e um povo, a menos que se enterre em seu próprio mausoléu, deve saber romper com seus hábitos, até mesmo pisoteá-los, para se renovar (Bruckner, 2006, p. 213-214, tradução nossa).

Essas palavras não foram escritas tendo a Afropea em mente, sem dúvida porque o autor não suspeitava de seu potencial regenerador. No entanto, elas sustentam e justificam a perspectiva afropeia ao expressarem a consciência de um atrofiamento causado, em especial, por uma visão fechada da identidade. A França está sendo convidada a uma reconstrução, que começa com a aceitação de uma transformação identitária que permita que as presenças minoritárias se manifestem livremente. Não se trata de promover o desaparecimento do patrimônio, o que a ocidentalidade faz muito bem e é deplorável. No plano cultural e identitário, não se trata de subtração, mas de adição, de valorização concreta da relação e de suas consequências.

A única resposta que podemos dar à história conturbada que ainda marca as relações entre a África e a Europa é levar esses dois espaços a uma reinvenção profunda. Pois, se a Afropea representa uma rejeição categórica da ocidentalidade, ela também é um chamado para redefinir a africanidade. O que chamo de africanidade aqui não tem a ver com as identidades subsaarianas, embora seja possível argumentar que elas foram africanizadas. A africanidade é uma construção ocidental. Ela é o que a ocidentalidade realizou no espaço subsaariano, a confusão que semeou nas mentes, os epistemicídios que negaram os conhecimentos indígenas. A ocidentalidade é a face obscura da Europa, sua força destrutiva. Apenas uma nova energia, que participe tanto da Europa quanto do espaço humano que ela mais despreza entre todos os espaços do mundo, poderá abrir um caminho saudável. Para alcançar esse objetivo, a Afropea não pode se limitar a rejeitar a estagnação ética da Europa, na esperança de que isso seja suficiente para melhorar a condição subsaariana. Pois, se a africanidade é uma criação da ocidentalidade, a percepção de si mesma como uma patologia é insuficiente, o que dificulta a desintoxicação.

REFUNDAR A AFRICANIDADE

A ideia de que a africanidade seja o resultado da ocidentalização felizmente inacabada do espaço subsaariano é, sem dúvida, perturbadora para muitas pessoas. Os próprios termos "África" e "africano" são pouco questionados num ambiente no qual, por razões históricas e factuais, a reflexão sobre a própria identidade atinge apenas uma parcela marginal da população. Os acadêmicos subsaarianos são bem produtivos, e há muito tempo. Todavia, seus trabalhos, restritos ao meio acadêmico, têm um alcance limitado. Mesmo nessa elite intelectual, a questão raramente é levantada, como se essas denominações fizessem parte de um processo orgânico, inerente ao próprio continente. Entretanto, uma breve história do uso desses termos demonstra que seu significado, para aqueles que os criaram, nem sempre foi o que hoje conhecemos. Em relação à palavra "africano", por exemplo. Até o final da Segunda Guerra Mundial, ela designava tanto o europeu estabelecido no continente quanto o nativo da parte setentrional da África (Poiret, 2011).

Só mais tarde a palavra adquiriu o sentido que conhecemos hoje, o que respondeu à necessidade de distinguir os subsaarianos dos antilhanos, uma vez que os dois grupos passaram a coexistir no território europeu da França. A semântica também evoluiu para evitar o uso da linguagem racial. O fato é: em sua origem, "africano" não tem nada a ver com aqueles que hoje se orgulham dessa denominação sem que tenham de fato se apropriado dela. Permitam-me, mais uma vez, expor minha leitura desses dois fenômenos:

> Um abismo separa [...] assimilação e apropriação. A primeira, por ser uma absorção involuntária, inconsciente, não tem o valor da segunda, que, por sua vez, é a atualização de um poder.
>
> [...] Para ilustrar mais claramente essa posição, podemos dizer, por exemplo, que os colonizados assimilaram elementos das culturas imperialistas sem se apropriar deles (Miano, 2017b, tradução nossa).

As pessoas ficariam chocadas se essa apropriação ocorresse, se a África deixasse de representar a ambição imperialista de uns ou a duradoura perplexidade de outros, sobretudo em nossa época, no que diz respeito ao segundo aspecto. Os subsaarianos só não foram aniquilados por causa de suas habilidades de adaptação e pelo apoio de culturas que, embora aviltadas, dispunham de recursos que as impediram de sucumbir. Aqueles cuja existência no mundo envolve uma negociação constante com o irracional não poderiam ser totalmente derrotados pela loucura colonialista. Os subsaarianos enfrentaram incansavelmente a opressão colonial e, por toda essa região do mundo, os nomes dos mártires se sucedem em uma interminável litania. Quando não foram combatentes, sua resistência se manifestou de maneira criativa, pela mistura, pelo sincretismo. Contudo, aos olhos do mundo, a África ainda não diz nada sobre tudo isso. A África não fala da espiritualidade da marronagem. A África não fala da melancolia luminosa, da força de erguer a dignidade humana sobre areias que se tornaram movediças. A África não fala da luta concreta, das vidas arriscadas e perdidas. A África não fala das mãos nuas da humanidade, armas milagrosas das pessoas comuns diante da violência dos predadores.

A África não fala da proibição do ódio, da capacidade de distinguir o irmão do criminoso: um veio para conhecer e se encontrar, o outro veio apenas tomar e, assim, preparar a própria ruína. A África não fala do quanto o simples fato de existir, de viver, de amar, de criar ali, no coração do caos da expropriação e das humilhações incessantes, é um testemunho de grandeza. A África não fala que o heroísmo, o único que realmente importa, tem o rosto daqueles que estavam condenados à impotência e que, ainda assim, arrancaram do infortúnio a alegria de estar vivo. Daqueles cujo riso é sinônimo de pudor e elegância. Daqueles que transpõem a toda velocidade as eras que tantos outros povos percorreram lentamente e à custa de carnificinas inomináveis. Por ora, a África não pode dizer nada sobre nós.

E, se a África nada pode dizer dos cidadãos desse espaço, é porque ela ainda é definida essencialmente do exterior — inclusive pelos próprios subsaarianos —, ou de acordo com a relação que se estabelece com esse outro lugar. A África não fala de dentro e por si mesma, num primeiro momento. Os subsaarianos só habitam esse nome de modo superficial. A África os desconhece na mesma medida em que eles não dominam o discurso sobre ela. Pois a própria palavra constrói uma narrativa, uma história cujas imagens se impõem à mente do ouvinte assim que as primeiras sílabas são pronunciadas.

O significado simbólico das palavras "África" e "africano", que fazem parte do cotidiano das populações subsaarianas e as definem aos olhos do mundo, foge do alcance dos principais interessados. No entanto, a atenção dada ao nome, ao que ele diz, ao que projeta no espaço, e sobretudo à vocação que impõe, se reveste de uma importância fundamental nas culturas subsaarianas. O indivíduo carrega seu nome e vice-versa. Sem defender aqui a ideia de um determinismo absoluto, já que o nome pode mudar de acordo com a evolução da pessoa, que se transforma por suas escolhas e experiências, ele continua sendo um ponto de partida, um dos grandes trunfos do jogo que recebemos quando chegamos ao mundo. Para além dessas considerações, pode-se concordar que nome e identidade são sinônimos, que, para saber quem você é, as pessoas querem saber seu nome, que ele situa a pessoa no mundo e pode influenciar a percepção dos outros. Então, mais do que a aparência, o nome contém algo, conta uma história. O que há no nome "África" e na africanidade, que é sua manifestação?

Alguns, raramente mencionados quando esse tema é discutido, responderam muito cedo a essa questão com a própria trajetória. Uma aventura migratória que, levando-os da Europa para a África, onde se estabeleceram, os fez renascer como um novo povo. Eles se autodenominaram *os africanos*, pois esse é o significado literal de africânderes, o nome que adotaram, e que até hoje ninguém contestou. Se a África é uma construção europeia, que razão haveria para negar aos imigrantes holandeses que se estabeleceram no continente o direito de se dizerem africanos? Os africânderes falam uma língua que já não é exatamente a de seus ancestrais, mas sim o africâner, a única e exclusiva língua do continente que não se apresenta ao mundo como uma língua africana, mas como *a* língua africana. O africâner é isto: o africano. E poucos também se insurgiram contra essa ignomínia. No fundo, sabemos o que é a África, o que pode ser a africanidade, cuja história dos africânderes oferece sua mais deslumbrante ilustração, com a implantação do apartheid e a subsequente criação da cidade de Orânia, um enclave exclusivamente branco num continente que nos perguntamos por que continua a ser chamado de negro. A chegada dessa população e de outras a esse espaço não teria dissipado de vez essa ambiguidade?

A africanidade só pode ser uma construção ocidental, já que a própria África, tal como a conhecemos hoje, não é nada além disso. Assim como a designação racial imposta aos subsaarianos desde a época das conquistas europeias, o nome "África" é estranho ao pensamento dos subsaarianos pré-coloniais. Nossos antepassados não eram africanos. Não houve um único subsaariano deportado para as Américas que tenha pisado no Novo Mundo com a ideia de que era africano ou mesmo negro. E é absurdo fingir que "os africanos escravizados se uniram em sua negritude para se revoltar" (Andrews, 2018, p. 169, tradução nossa), pois não foi sob a bandeira racial que aqueles indivíduos, capturados, depois amontoados nos navios de deportação, ofereceram apoio uns aos outros e se insurgiram contra seus algozes. Se os escravagistas pretendiam vê-los apenas como negros, eles se viam como humanos. E foi isso que guiou suas ações. Humanos, eles eram todos originários de sociedades que, por sua vez, também conheciam a dominação do forte sobre o fraco. Quando lemos as narrativas de pessoas deportadas, como a de Ottobah Cugoano (2009)[55] ou Olaudah Equiano (2008),[56] e nelas encontramos designações raciais ou africanas, é porque seus autores, capturados ainda jovens, tinham assimilado concepções estrangeiras à sua cultura de origem. Além disso, eles escreviam para um público europeu, na esperança de convencê-lo a lutar pela abolição da deportação transatlântica e da escravidão colonial. Questionar a terminologia não parecia ser uma prioridade para eles. Eles sabiam perfeitamente de onde vinham e como as pessoas de seu país natal se autodenominavam.

---

55 Primeira publicação (em inglês) em 1788.

56 Primeira publicação (em inglês) em 1789.

Mais perto de nós, mesmo depois de terem sido colonizados, muitos habitantes da região do mundo chamada "África" ignoravam que estrangeiros tinham se autorizado a batizar sua terra, e que disso deveria resultar uma modificação de sua identidade. Eles continuavam a se definir como sempre tinham feito, referindo-se a seus vínculos ancestrais. Dentro das comunidades, a designação africana permanece secundária, quando não inexistente. Ela é uma máscara, um nome usado externamente. O que somos de fato só pode ser compreendido entre os nossos. Essas identidades ancestrais mantêm sua validade dentro dos estados-nações traçados pela colonização, mesmo que essas formações recentes ainda façam parte da identidade de cada um. Porque o tempo passou, porque vimos o dia nascer nesses países, e porque cada um deles tem sua própria história, ligamo-nos a eles. A africanidade não reside no amor que temos pelo nosso país. Para entender o que ela é, o que continuará sendo enquanto essa designação exógena não for investida de um projeto próprio daqueles aos quais se destina, é preciso lembrar que ela faz parte do que se abateu sobre os povos desse continente quando alguns decidiram vir aqui e fazer o que bem entendessem.

O projeto "África" não foi concebido por aqueles que o mundo conhece pelo nome de africanos. Aliás, é por isso que, tendo-os batizado sem seu consentimento, como fazem os pais com seus recém-nascidos, não os convidaram para a discussão. Foi entre eles que decretaram a qual potência europeia seria atribuída uma ou outra parte do continente. Foi entre eles que decidiram os topônimos aplicados às entidades objeto da distribuição. As lutas anticolonialistas não foram suficientes para garantir que a África, retornando às suas populações, fosse vista em todos os lugares e por todos como propriedade delas. E voltou a ser delas? Nas regiões outrora administradas pela França, implantou-se, com a ajuda de seus aliados locais, um sistema que permitia a manutenção da dominação. Em outros lugares, mesmo sem recorrer a esse mecanismo, souberam manobrar para garantir que os subsaarianos fossem apenas inquilinos de suas próprias terras. Ao repartir o espaço subsaariano, as potências coloniais forçaram os povos dessa região do mundo a se submeter a uma ordem das coisas que só beneficiava o Ocidente. Em suas reflexões sobre a relação entre a abolição da escravatura e a colonização da África, Jean-François Zorn (1989, tradução nossa) observa:

> Uma única condição teria permitido não reproduzir a dominação: que, uma vez proclamada e garantida a abolição, a Europa tivesse deixado o continente africano... Ao restituir ao homem-mercadoria sua condição de homem-comerciante, a Europa integrou o africano ao mercado mundial, do qual ele era, e ainda é, o mestre...

Uma coalizão europeia trabalhou para o aprisionamento dos subsaarianos num ambiente nefasto para eles, sem lhes deixar a possibilidade de se protegerem. É compreensível que se critique a Françáfrica, dado o caráter criminoso de uma empreitada já em andamento nas conspirações contra os governantes subsaarianos que se recusavam a participar da Deportação Transatlântica. Desde essa época, não hesitaram em destituir reis, substituí-los por suplentes e até mesmo assassiná-los, quando necessário. A história colonial da França na África é muito mais longa do que parece. Charles de Gaulle confirmou isso a seu modo em sua fala enraivecida de 26 de agosto de 1958, direcionada aos manifestantes com cartazes que reivindicavam a independência enquanto ele fazia uma turnê para propor a criação da Comunidade Franco-Africana. Em seu discurso indignado, havia estas palavras: "Saúdo Dakar e Senegal, há 300 anos associados à França, e vice-versa" (Gaulle, 1992, tradução nossa). Isso foi há muito tempo e já era um período longo. Trezentos anos da quase-Françáfrica de que os franceses não tinham nenhum conhecimento. Desde então, os discursos de Dakar se sucedem.

Contudo, as dificuldades do continente inteiro não podem ser atribuídas às torpezas de uma França gananciosa. Acreditar nisso seria dar-lhe uma influência considerável nestes tempos em que ela só faz ouvir as próprias lamentações. Os subsaarianos francófonos tendem a achar que a grama do vizinho é mais verde; mas o conhecimento, mesmo superficial, da situação dos países do continente revelaria facilmente o erro. De modo bastante geral, alguns problemas persistem em todos os nossos países, onde as necessidades básicas das populações não são atendidas. Essa situação é um dos elementos constitutivos da africanidade, uma atitude que consiste em se submeter a políticas letais impostas pelos doadores de fundos. É impossível se opor isoladamente a essas imposições, mas a africanidade é esse veneno que impede os subsaarianos de unirem forças na luta por sua soberania.

Se África é o nome dado pela Europa conquistadora ao seu projeto em nossas terras, a africanidade é o que resultou de seus atos. Como o confronto com um sistema estrangeiro rege muitos aspectos da vida, o fato de ser necessário assimilá-lo sob coerção e a toda velocidade, o assassinato puro e simples dos líderes subsaarianos que buscavam outro caminho só podia gerar um tumulto interno. Por mais resilientes que sejam, por mais divinos que sejam — se acreditarmos na sacralização da melanina —, por mais inventivos e curiosos que sejam, os subsaarianos não tiveram a oportunidade de refletir sobre o modelo civilizatório que lhes conviria. Desde as deportações transoceânicas até a era do neoliberalismo colonial, seu percurso foi sempre uma sucessão de batalhas. De fato, houve uma mutação, mas o que ela fez de si mesma e que destino dar a esse ser novo? É a isso que os subsaarianos de nosso tempo deveriam responder para reinventar a africanidade. Desde o final do século 15, o espaço deles vem sendo invadido e continua sob outras influências.

A africanidade do presente é o que mascara as verdades que a *África* silencia. Ela é essa lacuna na qual os subsaarianos se debatem: entre um mundo antigo cujos contornos se apagam e a nova era na qual é preciso se projetar. O desabrochar do continente não acontecerá na ocidentalização. Assim como os outros grupos humanos, os subsaarianos não podem pensar num futuro sem se apoiar no que são, sem determinar entre si o que querem representar, o que desejam oferecer à comunidade humana. Realizar esse trabalho exige que se fechem às imposições externas, ao que diz a África de fora, e que se encontrem, colaborem mais estritamente entre subsaarianos. É chegado o momento, não de nos afastar do mundo de que fazemos parte, mas de encontrar nosso lugar nele. De finalmente escolhê-lo. O lugar atribuído por outros está longe de se parecer com o que poderíamos ser se decidíssemos seguir nosso próprio caminho. A africanidade atual é a oscilação contínua e cansativa a que nos submetemos ao seguir um caminho traçado por outros e cujo destino agora já conhecemos.

Essa africanidade advém de uma consciência de si degradada. Ela tende a se colocar na posição de vítima, reduzindo a história às feridas do passado. Quando busca heróis, eles são mais frequentemente faraós do que povos da floresta equatorial, pois a dimensão das realizações materiais dos primeiros lhes confere uma grandeza tipicamente ocidental. Quando ela deseja rememorar a opulência de outrora, faz isso por meio de figuras como Mansa Musa, do império do Mali, lembrado quase exclusivamente por sua imensa fortuna, e raramente pelas longas filas de cativos que acompanhavam suas viagens. Os construtores de impérios, comuns a todos os grupos humanos, ergueram sua glória sobre a miséria de muitos, e por isso a reverência que ainda recebem é preocupante. A convocação dessas figuras na África Subsaariana contemporânea tem o único objetivo de lembrar que os últimos foram outrora os primeiros, os mais poderosos, os mais ricos, os mais invejados. Porque o Ocidente, mestre no assunto, impõe a primazia do ter sobre o ser, e que devemos nos conformar com isso ou perecer. Essa africanidade tirada da costela da ocidentalidade, que chega a uma juventude de estudantes — portanto, nutrida por concepções ocidentais —, é o luto ao mesmo tempo permanente e impossível de uma idade de ouro que teria sido interrompida pelo choque com a Europa e à qual seria urgente retornar. Forjada no discurso estrondoso de um mundo que só enxerga a África pelo prisma da indigência, essa africanidade tem mais consciência de suas perdas e fragilidades do que de suas extraordinárias potencialidades.

Se é assim, não é porque os subsaarianos teriam uma propensão natural a se lamentar. A situação se explica pela assimetria das relações com um Ocidente que nunca deixou o continente e que se instalou na psique de muitos subsaarianos. A persistência do sentimento de ser dominado, da escassez de recursos internos e da ausência de alternativas externas leva parte das populações a se ver com os olhos dos estrangeiros. Não é raro ouvir, no continente, que os subsaarianos não têm amigos, tampouco aliados. E isso é verdade, pois estão cercados por predadores. Mas os principais inimigos, aqueles que enfraquecem o todo e abrem caminho para as diversas ameaças que os rodeiam, estão do lado de dentro. O mais perigoso, aquele que causa os maiores estragos, é invisível. Ele se relaciona com a percepção de si. O que se consegue criar em torno de si é reflexo disso. A forma mais nociva dessa alienação que contraria o avanço dos subsaarianos se traduz no crédito que ainda se dá ao discurso ocidental e ao que ele preconiza.

Para reverter essa tendência, reencontrar seu próprio caminho e sua própria voz, é fundamental fazer ouvidos moucos às intimidações, ignorar as interpelações e deixar de lado as deplorações de que a África estaria atrasada (Sarr, 2016). Permanecer insensível às falsas emoções que a retratam como o principal problema da humanidade. Revisar os acordos internacionais que prejudicam as populações, sem hesitar em se retirar de certas instâncias, se necessário. Isso só será possível rompendo o isolamento, aceitando fortalecer os laços entre os povos do continente, estabelecendo sinergias e mantendo-se firmemente no rumo traçado. Os pequenos Estados forjados pelas conquistas coloniais não podem enfrentar sozinhos os ataques externos. Mas formações pan-africanistas poderiam fazê-lo. Elas não precisariam se basear no estigma racial, nem na suposta fraternidade identitária de todos no espaço subsaariano. Condenado por sua incapacidade de levar em conta as realidades subsaarianas, esse pan-africanismo, emocional e racista, ainda será por muito tempo uma ficção. O único que pode ter uma chance de prosperar deverá se fundamentar no interesse bem compreendido das populações, ter consciência da dimensão de uma tarefa que consiste em dialogar, no espaço humano mais vasto do planeta, com uma multiplicidade de culturas singulares. É compreendendo a medida de suas diferenças que será possível levá-los a se fecundar mutuamente. E isso não será realizado de um dia para o outro. Será preciso ousadia, coragem e determinação.

A Afropea, cujo nome impede que se tropece nas pedras da mitificação da África, da dependência do ressentimento e do mal-estar identitário, tem a capacidade de se projetar nas possibilidades do continente. É em seu território, na Europa, que ela refunda a africanidade, a fim de manifestar a parte subsaariana de sua identidade. De fato, se cabe aos subsaarianos forjar o conteúdo de sua africanidade, dar-lhe um sentido e uma direção, é naquilo que ainda é a matriz da ocidentalidade que a Afropea se esforça para dar vida a diferentes modalidades. Para realizar isso, é necessário expor a sensibilidade subsaariana da nova Europa. Já não se trata de restringir essa dimensão a uma função meramente contestatória, mas de se alimentar dela para transformar a sociedade. Convém manter viva a dimensão não europeia da Afropea, fazer com que ela se inscreva sem constrangimentos em seu espaço de referência. Como estamos em casa na Europa, não há razão para relegar à esfera íntima uma parte essencial de nós mesmos, sobretudo porque ela é benéfica para a sociedade.

Como a França, tão empenhada em reforçar sua presença na África, pretende reconhecer, em seu próprio território, transformações profundas geradas por essa paixão avassaladora? A Afropea é a resposta. Pois, se a relação deve agora prosseguir de modo mais saudável, o desequilíbrio precisa ser corrigido em todos os planos. Nesse sentido, as áreas culturais e epistemológicas têm sua importância, não apenas para revelar a si mesma à Europa pós-colonial mas também para iniciar o processo de reparação da violência simbólica exercida sobre os povos colonizados. A abordagem afropeia é uma crítica da africanidade atual, e como tal deve lançar mão de práticas cuja iniciativa deveria ter vindo do espaço subsaariano. Isso se torna possível graças ao contexto europeu, que, apesar de sua hostilidade, tem a vantagem de distanciar fisicamente a Afropea do cotidiano desgastante de um grande número de subsaarianos. Essa iniciativa de refundação é igualmente impulsionada pela necessidade, para a Afropea, de eliminar em si mesma a assimetria que ainda está por trás da relação entre os dois componentes de sua identidade. A necessidade de se apoiar em dois polos sólidos a convida, não a negar as evidências em relação à África, mas a não enxergar nas dificuldades do momento uma sentença irrevogável.

A Afropea pode retomar o contato com os antigos saberes subsaarianos ainda disponíveis, a fim de restaurar o que escapou dos epistemicídios, essas exclusões dos conhecimentos originários que certamente teriam contribuído para o surgimento de um modelo de civilização diferente, de outro tipo de modernidade. A Afropea pode mobilizar, dentro do espaço europeu que lhe pertence, diversas práticas oriundas de seu patrimônio subsaariano e adaptá-las com discernimento. Para dar um exemplo, essa iniciativa resultaria na criação de novos métodos de ensino, como alguns já fazem na França. É possível encontrar isso na Etnomatemática, disciplina que investiga as contribuições dos povos colonizados para essa disciplina (Renoult, 2019). Enquanto método de aprendizagem, a Etnomatemática poderia tranquilamente coexistir com a outra, pois a ideia é criar uma sociedade que valorize a contribuição de todos para o avanço da humanidade. A ciência europeia não seria mutilada por isso, mas enriquecida. Num ambiente multiétnico, essas novas disciplinas inclusivas assumem todo o seu significado.

Também na esfera espiritual, a Afropea poderia recorrer às tradições subsaarianas, cujos aspectos positivos não lhe são desconhecidos. Num ambiente de fato secularizado, mas ainda assim regido por um pensamento ou por atitudes influenciadas por uma religião considerada revelada, a Afropea reconhece a contribuição das concepções subsaarianas, que estão em maior harmonia com sua abordagem inclusiva. A noção de religião revelada, para aqueles que nela creem, induz necessariamente à convicção de deter verdades que não teriam sido comunicadas a outras pessoas. Quando isso vem acompanhado da obrigação de proselitismo, como é o caso de dois desses cultos,[57] o comportamento que adotamos em relação às pessoas ou aos grupos

57 Não vou me ater ao islã. Isso não significa, da minha parte, uma intenção de minimizar a violência com que ele se espalhou pela África Subsaariana, a forma como desprezou e mutilou culturas, as castrações genocidas do tráfico humano árabe-muçulmano, a ausência total de discursos sobre as reparações devidas aos descendentes de subsaarianos escravizados, e o racismo sistêmico que persiste nos países árabes — principalmente no Magreb —, onde as pessoas de ascendência subsaariana são tão marginalizadas que sequer fazem parte dos times de futebol, ou só o fazem muito raramente. Acontece que estou falando da França, de sua história com a África Subsaariana.

que não compartilham dessa fé é conquistador e dominador. As sociedades europeias, nascidas no fragor das guerras de religião e em grande parte moldadas pelo poder da Igreja, inventaram para si inimigos pelo mundo, vendo os não cristãos, tanto na África quanto em outros lugares, como criaturas diabólicas.

Desde o período das deportações transoceânicas, o argumento religioso, então um componente essencial da vida política, foi usado para dominar, ao mesmo tempo, os territórios e seus habitantes. Como Deus só teria se revelado aos discípulos de Cristo, foi a eles que entregou a terra, autorizando-os a exercer sua dominação sobre os demais. A bula *Romanus Pontifex*, promulgada em 8 de janeiro de 1455 pelo papa Nicolau V, concedia ao rei de Portugal e seus enviados o direito de escravizar os subsaarianos. Estes, considerados descrentes por natureza, ofendiam um Cristo que nem conheciam. Era necessário também tomar as terras e as riquezas que elas continham e produziam. Coroados com esse direito divino, os portugueses se estabeleceram no continente africano já no século 15, deixando-o somente 400 anos mais tarde. A distorção da mensagem cristã para fins políticos e mercantis continuou até a era colonial.

A Ata Geral da Conferência de Berlim, que organizou a partilha da África entre potências colonialistas em 1885, foi ratificada: *Em nome de Deus Todo-Poderoso*. Foi, portanto, Deus quem, tendo se revelado a uns e não a outros, autorizou a mutilação de povos inteiros, a separação de comunidades, seu deslocamento, quando necessário, sua submissão a impostos e trabalhos forçados. Foi o poder de Deus que, encarnado naqueles que alegavam representá-lo, profanava santuários, destruía ou roubava objetos sagrados. O poder de Deus faria correr rios de sangue sobre esse continente chamado África. É impossível fingir que não se conhece um humano quando se vê um, independentemente da forma como ele escolhe se vestir ou de seus costumes. É igualmente impossível não reconhecer práticas espirituais quando elas se manifestam. No entanto, as espiritualidades subsaarianas foram desdenhadas devido à inferioridade atribuída aos que as tinham criado. É o que se lê em Hegel (1971, p. 250-251, tradução nossa):

> O que caracteriza os negros é precisamente o fato de que sua consciência não alcançou a contemplação de qualquer objetividade sólida, como, por exemplo, Deus ou a lei, à qual a vontade humana possa aderir e por meio da qual possa chegar à intuição de sua própria essência.

Assim, os subsaarianos, incapazes de abstração, não poderiam conhecer nem Deus, nem a si mesmos de verdade. A arrogância, a dissonância cognitiva e a certeza de deter não uma, mas *a* verdade, produziram a visão de uma espécie de infra-humanidade povoando a África Subsaariana, relegando suas crenças ao status de superstições. Há, nas leituras literais da Bíblia, o mesmo bom senso que em qualquer outra crença supersticiosa. Não se trata de pregar o abandono da fé cristã, nem na Afropea, nem na África Subsaariana. Tanto nesse contexto quanto nas Américas, os oprimidos compreenderam a mensagem cristã a ponto de, em alguns casos, usá-la para se libertar dos que a apresentaram a eles. Nos Estados Unidos, as obras de James Cone, *Black Theology and Black Power* (1969), *A Black Theology of Liberation* (1970) ou ainda *God of the Oppressed* (1975), mundialmente conhecidas e estudadas até mesmo na França, são uma das mais poderosas ilustrações desse fenômeno. Na África Subsaariana, a teologia da libertação, inspirada em sua antecessora sul-americana, encontrou inúmeros desenvolvimentos e adaptações. Para melhor atender às necessidades das populações, ela se apoiou nas culturas locais. Assim, em alguns pensadores dessa corrente, como o camaronês Jean-Marc Ela, operou-se uma leitura subsaariana da mensagem cristã, repudiando uma teologia da salvação das almas cujo único horizonte fosse o Céu, em detrimento das realidades terrenas. Além disso, também se propôs uma nova visão da figura crística, de modo a integrá-la às culturas subsaarianas, ou mesmo às comunidades das quais ela faria parte, tais como os ancestrais protetores (Tchonang, 2010).

Como Cristo era um membro da família, ele recebeu um lugar legítimo nas lutas dos subsaarianos. O pensamento dos colonizados, ao sul do Saara, sempre se posicionou contra a dominação estrangeira, inclusive em círculos onde teria sido mais fácil se submeter.

Algumas vezes, os subsaarianos entenderam melhor a mensagem cristã do que os promotores da chamada palavra revelada. Como as crenças ancestrais não desapareceram, a única queixa diz respeito ao fundamentalismo, que, entre os adeptos das religiões do Livro, demonstra regularmente sua prontidão para atacar e destruir tudo o que não faz parte de sua visão. Como a fé cristã se naturalizou no espaço subsaariano, uma vez que as populações conseguiram extrair da proposta inicial formas propícias para a realização de seu próprio projeto, a Afropea não tem motivo para rejeitá-la. A religião cristã foi, ao mesmo tempo, uma arma e uma consolação. O trabalho dos teólogos subsaarianos demonstrou que era possível apropriar-se da religião cristã, sem se limitar a assimilá-la.

A capacidade dos subsaarianos em decolonizar certas contribuições estrangeiras — como a língua e a religião — para incorporá-las ao centro da definição de si mesmos, sem ressentimentos nem complexos, não encontra equivalente na Europa. Esta, por sua vez, se atrofiou ao se recusar a assumir as transformações decorrentes dessa relação, ao se recusar a vivê-las abertamente, ao se recusar a celebrar o fato de ter sido influenciada pelo outro. Entretanto, se fosse possível mencionar os efeitos positivos da colonização, estes deveriam ser buscados no enriquecimento cultural e espiritual de uma Europa que teria se elevado ao se nutrir da fonte subsaariana, manifestando, assim, um novo modo de estar no mundo. Ainda que seja comum que os europeus viajem à África para se iniciar no *bwiti* ou no vodu, essas iniciativas permanecem marginais e são vistas como excentricidades. No solo europeu, nem os subsaarianos nem os afrodescendentes praticam abertamente suas religiões ancestrais. A primeira casa de culto *akan* foi criada nos Estados Unidos em 1967 por e para afro-americanos. O vodu haitiano conta com um templo modesto em Montreal há alguns anos. Não vemos nada parecido na Europa. Na sociedade francesa, sem dúvida uma das mais secularizadas do mundo, recorrer às sabedorias asiáticas se impôs como a alternativa mais válida à prática religiosa. Muitos daqueles que seguem esse caminho limitam-se a uma busca por bem-estar, demonstrando, uma vez mais, o costume essencialmente ocidental de consumir elementos de culturas alheias para enriquecer o cotidiano. Para se convencer disso, basta observar a criação do *beer yoga*, uma prática inventada na Alemanha. Como o próprio nome indica, trata-se de beber cerveja enquanto se pratica yoga. Ou o contrário, não sei ao certo.

Quando a Afropea se interessa pelas espiritualidades subsaarianas, ela tem a possibilidade tanto de se referir às diretamente relacionadas com a tradição de seus familiares quanto de se iniciar em outras. O mais importante aqui é dedicar-se a compreender profundamente esse campo, o que exige o conhecimento das línguas envolvidas. Uma abordagem superficial dessa questão não teria sentido e se assemelharia à mencionada anteriormente, em que a ocidentalidade conduz a um uso utilitário ou recreativo do que pertence ao sagrado. Com as práticas espirituais subsaarianas, a Afropea encontra uma relação fecunda com o mundo vivo, que ela aprende a não hierarquizar, um apoio psicológico, mas, sobretudo, um pensamento que abraça a humanidade em seu conjunto e também em sua imperfeição. As religiões subsaarianas conhecem e condenam o mal, mas as noções de pecado e de descrença lhes são desconhecidas. Não proselitistas, elas não têm a pretensão de deter uma verdade que devem impor aos outros, e não podem ser acusadas de ter realizado cruzadas em nome do divino. É também ao se reconectar com essas espiritualidades que a Afropea retoma contato com os rostos femininos da potência divina, figuras primordiais e soberanas, não necessariamente ligadas à maternidade ou ao lar. Trata-se de uma visão a ser compartilhada com as mulheres do mundo, especialmente as que valorizam a dimensão metafísica da existência.

As sociedades subsaarianas do passado não foram perfeitas, porém, assim como outras, produziram beleza e significado, elementos em que deveríamos nos inspirar não apenas no presente mas também na invenção de um futuro no qual os mundos que colidiram na época das conquistas coloniais finalmente se permitam viver uma relação harmoniosa. As dificuldades, nesse aspecto, não estão na sensibilidade subsaariana, propensa a misturas e sincretismos. A África

Subsaariana gosta das somas, valoriza a abundância e a cria, sem ser necessariamente compreendida. A rigidez vem da ocidentalidade. E, quando alguns afrodescendentes se mostram hesitantes à aproximação, ou mesmo à união com os outros, isso se deve à grande dor que carregam, às desigualdades persistentes na sociedade, que não são acidentais, mas também ao fato de terem interiorizado a divisão ocidental da humanidade. A raça, sempre ela.

Para aqueles que ainda estão nessa fase, é uma boa ideia entrar em contato com o pensamento profundo de seus ancestrais subsaarianos. Para além disso, recorrer às espiritualidades originárias do continente africano permitiria à Afropea celebrar seus ascendentes sem depender da aprovação da coletividade. Como já foi dito nas páginas deste livro, a Afropea é, atualmente, multissecular. Também dissemos que os subsaarianos deportados para as Américas devem ser legitimamente considerados ancestrais. Como uma parte de sua descendência é agora europeia, não há razão para que ela se impeça de estabelecer espaços e encontros coletivos para homenageá-los, invocá-los e apaziguá-los. Como a liberdade de culto é garantida na França, não se sabe ao certo a partir de quais fundamentos as religiões subsaarianas poderiam ser desqualificadas, a menos que se pretenda proibir toda e qualquer forma de espiritualidade. Portanto, cabe à Afropea assumir suas responsabilidades, instituir o que ainda permanece restrito à esfera privada e oferecer isso a quem queira receber.

A refundação afropeia da africanidade também está relacionada à atitude a ser adotada diante das sexualidades minoritárias. A África Subsaariana atual, em razão das proibições coloniais — uma vez que as primeiras leis reprimindo as relações entre pessoas do mesmo sexo foram impostas pelo colonizador (Human Rights Watch, 2008) —, mas também devido à influência das chamadas religiões reveladas, esquece de seus antigos usos. As sociedades subsaarianas de outrora nem sempre reprimiam as relações íntimas entre pessoas do mesmo sexo. Estas eram mais frequentemente coibidas nos ambientes que davam importância crucial à família, ao casamento e à procriação. Tais relações, mesmo quando duravam a vida toda, não deveriam impedir a constituição de um lar mais convencional. Em certas populações, eram relações passageiras, mas nem por isso ocultadas. Podemos citar o caso da sociedade Azande da República Centro-Africana, na qual um homem mais velho que desejasse se relacionar com um jovem devia pagar uma espécie de dote aos pais dele, assim como faria para se casar com uma mulher. Tratava-se de um contexto bastante específico, mas o caráter sexual da relação era claro (Evans-Pritchard, 2012).

Sem reprimi-las, a sociedade Azande demonstrava menor tolerância às relações entre mulheres, que aconteciam dentro dos lares polígenos em que as esposas, numerosas, nem sempre tinham acesso regular ao leito do marido. No entanto, há registros de que essas relações não se limitavam a esse contexto. Não devemos generalizar o caso Azande. Muitas outras sociedades subsaarianas pré-coloniais conheceram e aceitaram as relações sexuais entre pessoas do mesmo sexo (Murray; Roscoe, 1998). Quer se tratasse de práticas de cortejo, como ocorria em Buganda (Médard, 2000), de jogos permitidos aos adolescentes ou de relações autorizadas no segredo das cabanas de iniciação, isso existia e não sofria a feroz discriminação que vemos na África contemporânea. O resgaste desses costumes antigos, embora imperfeitos e sujeitos a códigos específicos, é importante. É válido lembrar que estamos falando de um fenômeno humano e que isso não foi introduzido pelos europeus. E, justamente por ser um fenômeno humano, cada sociedade deveria designá-lo à sua maneira. O uso exclusivo de uma terminologia ocidental complica as coisas e reforça uma inverdade. Se há apenas o vocabulário europeu para designar algo que todos conhecem, isso leva à impressão de que se trata de uma prática europeia. Se todas as mulheres que gostam de mulheres devem ser enviadas à Ilha de Lesbos para se definir, elas serão vistas como estrangeiras em suas próprias terras. Ora, há vidas em jogo. Isso também torna a desobediência epistemológica indispensável para encontrar uma linguagem própria.

Durante o período colonial, os ocidentais também não toleravam o amor entre pessoas do mesmo sexo. A homossexualidade só foi descriminalizada na França em 1981. No entanto, isso não a protege da desonra, da ruptura familiar ou das agressões, que aumentaram na França europeia desde a promulgação da Lei Taubira, de 2013, relativa ao Casamento para Todos. A homofobia é comum em todas as sociedades do mundo. Isso ocorre porque a homossexualidade é vista como uma ofensa à natureza e uma ameaça à sobrevivência da espécie, já que as relações entre pessoas do mesmo sexo, do ponto de vista estritamente biológico, são estéreis. Nos países colonizados recentemente e ainda sob o domínio ocidental, assim como nas comunidades afrodescendentes, a homofobia beira o delírio, pois existe o sentimento de se ver constantemente ameaçado, e os corpos parecem os únicos territórios sobre os quais se pode exercer algum controle.

A repressão e a rejeição sofridas por indivíduos cuja sexualidade é considerada não conforme não estão necessariamente ligadas à moral em si, exceto nos casos em que as chamadas religiões reveladas impuseram sua verdade sobre o assunto. Essa repressão e essa rejeição refletem, antes de tudo, uma situação de impotência social, e, deve-se reconhecer, no que se refere a certos países da África Central (como Camarões e Gabão), também derivam da maneira como os poderosos praticam esse tipo de relação sexual. De acordo com a crença popular, nos meios políticos, de negócios ou no esporte, haveria uma forma de homossexualidade utilizada como instrumento de submissão e degradação. Seria uma passagem obrigatória para ter acesso a certos cargos ou círculos. As pessoas também teriam tendência a procurar dominar jovens desamparados, e o verbo aqui indica bem a ausência de consentimento. Outro problema está ligado às organizações ocidentais de luta contra a homofobia. Além do fato de que sua militância reforça nas populações a ideia de que se trata de uma prática imposta de fora, a ajuda financeira que elas podem oferecer às pessoas vistas como marginais, e, portanto, secundárias, é mal recebida em países onde a vida cotidiana é difícil para todos.

Também confrontada com a homofobia baseada em culturas ancestrais desconhecidas, a Afropea dispensa as fabulações e lembra a origem da repressão das relações entre pessoas do mesmo sexo no continente. A homofobia é uma aberração para o humanismo subsaariano. Inúmeras práticas sociais subsaarianas poderiam florescer no contexto europeu, libertar esse ambiente de suas sombras internas, criar um mundo novo. Trata-se, para a Afropea, de se formar combinando o melhor dos mundos dos quais é herdeira. Seu vínculo com os saberes subsaarianos não pode prejudicar seu pertencimento europeu. Pode-se muito bem ouvir Alain Bashung no metrô depois de ter homenageado seus ancestrais subsaarianos. Pode-se gostar tanto das peças de Racine quanto das antigas epopeias subsaarianas. Muitas pessoas vivem desse modo em todos os continentes. A única diferença com a iniciativa afropeia consiste em instituir o multipertencimento, dar visibilidade às sensibilidades não europeias e não dominadoras que irrigarão as sociedades desocidentalizadas do futuro.

Em sua análise da história da relação tal como ela é ensinada na escola, a Afropea se empenharia em valorizar o ponto de vista subsaariano, aquele que, forçado ao silêncio, está ausente do debate. Ele seria apreendido em toda a sua complexidade, ou seja, sem congelar aqueles que o sustentam numa posição que os isente de toda responsabilidade. Isso significaria excluir esses povos da coletividade humana. Fazendo a escolha de unir nela dois espaços e suas memórias, a Afropea não pode aderir a nenhum maniqueísmo essencialista. Ela critica os sistemas, mas não ataca os humanos, reconhecendo, em todos os lados, os traços comuns que fundamentam o universal. O crime e a abjeção fazem parte disso. Se a Europa conquistadora propagou pelo mundo suas trevas interiores, seus efeitos só puderam se manifestar plenamente porque encontraram respostas em outras sombras.

Estas páginas não são o espaço para um exame metafísico da relação entre os povos, ainda que a subsaariana que habita em mim assuma esse olhar sobre os acontecimentos. Numa linguagem mais prosaica, basta dizer que, como a Europa não é uma divindade, diante das entidades humanas que são de fato suas iguais, nada lhe é possível sem o apoio da outra parte. Não se trata tanto de aprovação — longe disso, aliás —, mas do estado em que nos encontramos quando essa relação se estabelece. Em páginas anteriores, questionei o que poderia significar ter sido subjugado pelos franceses, considerando seu próprio desconforto em serem quem são. Em todos os continentes, surgiram civilizações majestosas. E não foi em seu apogeu que elas foram esmagadas, colonizadas, por vezes erradicadas.

As populações enfraquecidas é que são objeto de uma subjugação colonial duradoura. Em seguida, são as populações alienadas, que delegam a outras seu próprio poder, que veem este se voltar contra elas. Quando a opressão se estende por séculos, podemos considerá-la uma coprodução do opressor e do oprimido. E é sempre este último que, sozinho, decide pôr um fim nisso. Hoje em dia, em toda uma parte da África Subsaariana, a influência francesa ainda é importante, tanto em virtude das decisões tomadas internamente quanto devido à falta de um enfrentamento coletivo para resistir às pressões estrangeiras. Não há liberdade, não há libertação possível, sem assumir a responsabilidade. A Afropea tem consciência de não ter, nem de um lado nem de outro, ascendentes puros ou isentos de qualquer conduta reprovável. Isso não significa exatamente que os erros sejam compartilhados na mesma proporção, entre quem premedita o crime e o executa e quem, como cúmplice, contribui para sua realização. Isso significa que há uma sombra em cada um, e essa escuridão responde àquela que encontra no outro, que lhe é semelhante. Isso é verdade tanto no plano individual quanto no coletivo.

Transferir ao outro toda a responsabilidade pela relação significa abdicar da própria soberania. A assimetria nos relacionamentos não resulta da onipotência de uma das duas partes, mas da recusa da outra em exercer sua capacidade de agir. O afastamento e a distância permitem que a Afropea perceba o quanto a africanidade atual consiste nessa reticência em assumir a própria força. A África Subsaariana não está nem privada de poder, nem impossibilitada de usá-lo. É ela que detém os recursos naturais dos quais a Europa e o mundo precisam. Cabe a ela preservá-los, determinar como os outros poderão ter acesso a eles e assegurar que suas populações sejam as primeiras a se beneficiar deles. Por meio de seus dirigentes, a África Subsaariana, anteriormente sob domínio francês, se comporta em relação à antiga metrópole como uma esposa vítima de abuso, incapaz de se libertar de seu agressor. Ele lhe oferece quinquilharias, ela finge acreditar numa melhora da situação, fecha os olhos para o fato de que os empréstimos — que terá que reembolsar — não representam nada em comparação ao que lhe é sistematicamente usurpado. O que está expresso nesses comportamentos é uma perda de confiança em si mesma, a crença inconsciente de que não se é nada fora dessa relação degradante, o medo de assumir o próprio destino e traçar um novo caminho. No caso dos países subsaarianos francófonos, romper essa relação disfuncional não significa se fechar aos franceses, mas não mais aceitar que a França institucional e comerciante dite as regras. Para continuar com a metáfora amorosa, toda pessoa que ainda se sente presa a seu agressor deveria experimentar relações não tóxicas, vínculos não corrompidos por uma longa história de dominação. A Afropea deseja o surgimento de uma África forte, cujos países não sejam dependentes da Europa, e que não reproduza, com outros parceiros, essas relações abusivas.

A Afropea inclui os países do espaço subsaariano, não num movimento de indiferenciação, mas de nutrição do melhor que cada um tem a oferecer. Essa abordagem pan-africanista está inscrita no nome que ela escolheu para si e na abolição das fronteiras que ele pressupõe. Isso só é possível graças a um conhecimento adquirido pelo contato com as populações subsaarianas. A África não está nem nos livros nem nos filmes. É preciso quebrar o cofrinho e ir até lá. Esse trabalho, assim como a atualização da própria Afropea, ainda é embrionário, mas é possível ver claramente seu início. A primeira medida para refundar a africanidade tal como ela foi moldada pela ocidentalidade reside nessa capacidade que ainda escapa às populações do continente. Saber que elas dispõem de recursos internos suficientes, em todos os aspectos, para se influenciarem mutuamente de forma saudável e, de certa maneira, inventarem uma África capaz de subverter as estruturas concebidas. O programa imperialista não previa que, no continente, os povos se aproximariam uns dos outros e compartilhariam conhecimentos e práticas. Os estados-nações atuais foram muitas vezes criados com o objetivo oposto.

A estratégia amplamente conhecida consistiu em tirar proveito das inimizades existentes, mantendo-as ativas ou suscitando ressentimentos que seriam habilmente alimentados. Por vezes, as construções dos estados coloniais desestruturaram as hierarquias locais, associando deliberadamente grupos distintos dentro de um mesmo território, para que o poder estrangeiro mantivesse sua hegemonia e se tornasse o único elemento de coesão. A África Subsaariana foi colonizada pelas mesmas nações europeias que iniciaram as deportações transoceânicas. O continente não lhes era de todo estranho, tampouco as relações das populações entre si. A deportação transatlântica, em particular, ao semear o terror nas regiões afetadas, não deixou de influenciar as relações entre os grupos. Alguns desentendimentos que surgiram nessa época persistem ainda hoje.

Incriminou-se rapidamente o fator étnico nas dissensões entre subsaarianos, pois esse fator é facilmente manipulável pelos detentores do poder, como políticos ou senhores da guerra. Um estudo de campo sempre revela que há motivos não relacionados à etnia em si, entre os quais estão os conflitos originados na época da captura. As comunidades conhecem esses antigos ressentimentos. A fragmentação esteve no cerne do projeto europeu para a África, sendo um de seus principais instrumentos. Não estamos falando aqui da diversidade cultural do continente, mas da incompatibilidade organizada, das fraturas causadas pelo compartilhamento do território entre potências europeias. Muito rapidamente, os subsaarianos só passaram a fraternizar através da experiência colonial. Na maior parte dos casos, é ao deixar o continente — especialmente quando se tornam minoria nos países europeus, por exemplo — que os subsaarianos se encontram. É nesse contexto que eles se aproximam do maior número de nacionalidades subsaarianas, que descobrem culturas até então desconhecidas. Longe de seu país natal, eles vão residir nos mesmos ambientes desfavorecidos, exercer as mesmas profissões miseráveis e mais ou menos legalizadas, esgueirar-se pelas ruas para evitar os abusos policiais. A nostalgia os levará a frequentar restaurantes e espaços de lazer que remetam a seu país de origem. A permanência do ostracismo fará surgir neles uma ligação visceral com a África. Sua sensibilidade em relação a isso estará ainda mais à flor da pele, já que não retornarão tão cedo, talvez nunca, nutrindo por ela uma paixão com um toque de melancolia.

Eles terão filhos que crescerão em um ambiente marcado, ao mesmo tempo, pelo país deixado para trás e por outras influências subsaarianas. É essa mistura inevitável que constrói a Afropea e que lhe permite elaborar o que deve surgir no continente, o que só pode nascer da troca, da partilha, não apenas de costumes e experiências mas também de sonhos. A partir disso, ela restaura o que a africanidade, condição fragmentária, não é capaz de criar por si só. Não se trata de defender uma unidade artificial entre os subsaarianos, mas de reconhecer que a transformação gerada pela história colonial semeou, no sul do Saara, os germes de uma nova civilização. Esta, ao decolonizar o nome "África", poderia dar a ela um conteúdo mais alinhado com as aspirações das populações. A Afropea intui uma África futura, para a qual já oferece uma prefiguração através de suas práticas culturais. Se não se trata de um amálgama superficial, a exemplo do que foi proposto pelo patético *Pantera Negra*, a Afropea contribui para frear o processo de senescência que ameaçaria as raízes subsaarianas.

O cenário europeu da Afropea, o fato de ela ser majoritariamente constituída de descendentes de subsaarianos imigrantes, lhe confere uma proximidade com o continente originário que não existe nas outras ramificações da afrodescendência. Na França, as pessoas nascidas de pais provenientes de diversas regiões da África coexistem e, ao compartilharem seus legados familiares na vida cotidiana, têm a possibilidade de tecer um patrimônio afro mais denso do que o dos descendentes de subsaarianos deportados. Estes últimos não escolheram nem sua localização geográfica, nem sua trajetória histórica, mas é preciso reconhecer que a Afropea se diferencia deles pelos fatores já mencionados. Quando evitamos os essencialistas, os nacionalistas culturais e os indivíduos que vivem sua *europeidade* de maneira infeliz sem compreender que a Europa também será o que eles fizerem dela, é possível encontrar pessoas que mantêm uma relação serena com a África. Para a Afropea, a África pode ser tanto recebida de seus antepassados quanto constantemente recriada. Ela se inscreve em uma dinâmica que alivia as tensões associadas à rejeição do país ao qual se pertence.

Ver as cartas de ambos os lados, falar a língua de ambas as partes, situar-se no ponto onde elas nunca deixam de se tocar mutuamente, ser uma instância mediadora. A tentação de se vitimizar é rapidamente afastada. Como sanear a relação é condição para sua própria viabilidade, a Afropea não pode se contentar em distribuir a culpa. A identidade afropeia é fronteiriça, no antigo sentido subsaariano do termo, que faz da fronteira um lugar de encontro e intercâmbio, mais do que de separação. A alteridade existe, mas se apresenta também como uma oportunidade. Quando surge o conflito, ele encontra sua resolução na necessidade de poupar cada um da humilhação. Não destruir a face do outro, como diria o bom senso subsaariano. Pois será preciso fazer algo dessa Europa que atrofia a própria alma ao se recusar a reconhecer o que já está dentro dela e jamais a deixará, o que a transformou para sempre quando ela se aproximou dos outros. Agredir ou acariciar, sempre será uma forma de toque. O corpo não se desfaz da memória do contato. As posturas políticas mais rígidas não mudarão nada; ninguém abandona aquilo que já está dentro de si. Isso vale para ambos os lados.

A Afropea é o rosto da boa sorte para uma Europa que ainda sonha com conquistas e desvaloriza sua identidade ao associá-la, sobretudo, à sua ação colonial. Prova disso é o congelamento da decisão tomada pela cidade de Bordeaux de homenagear Frantz Fanon com uma placa com seu nome numa viela da cidade. Nem um bulevar, nem uma avenida, tampouco uma rua: uma viela. É quase impossível representar a ruela em questão. A ideia causou tanta celeuma, que o prefeito de Bordeaux na época, Alain Juppé, preferiu adiar indefinidamente a questão, sob a justificativa de que os historiadores precisariam se debruçar sobre o assunto. Os manifestantes, tão efusivos quanto numerosos, apontaram a participação de Fanon na luta pela independência da Argélia e sua incitação à ação violenta contra o colonizador.

Isso significa que, em 2019, a França ainda se identificava sobretudo com os opressores, provavelmente por sua raça, quando na verdade se tratava de questionar seus valores e até mesmo seus princípios.

Frantz Fanon tinha nacionalidade francesa, portava um ideal revolucionário e uma aspiração à liberdade que fazem parte do espírito francês. Foi a honra da França que ele salvou ao tomar partido daqueles que, se tivessem sido ouvidos de outra forma, não teriam se engajado na luta armada. Os argelinos não tomaram a iniciativa de trucidar os franceses logo no primeiro dia da invasão. Quando Fanon dizia: "Para o colonizado, a vida só pode surgir do cadáver em decomposição do colono" — frase frequentemente usada para condená-lo em Bordeaux —, ele não estava incentivando um massacre. Tratava-se de derrubar um sistema que, precisamente, tinha forçado os combatentes pela liberdade a optarem pela ação violenta. Seria um ultraje legitimar o uso defensivo da violência? Aqueles que gostariam de responder afirmativamente deveriam examinar com cuidado a própria história antes de se pronunciar. A fidelidade de alguns a uma França criminosa, sua identificação exclusiva com ela por verem na dominação a expressão do poder, seu ódio pela França quando ela deixou de ser imperialista, levam mais uma vez a questionar o conceito de fraternidade tal como é compreendido pela República.

A ironia da história está em ver a figura de Frantz Fanon apropriada pelos nacionalistas franceses mais fervorosos, que encontram em sua ação e em seus escritos inspiração para a luta contra a colonização migratória. Foi assim que Renaud Camus, criador da teoria da Grande Substituição, convidou seus discípulos a se referirem a Fanon.[58] Não dá para saber se é para rir ou para chorar da insanidade de que são vítimas aqueles que pretendem salvar a França, restaurá-la em sua integridade. Não parece que os franceses estejam vivendo algo remotamente semelhante à experiência dos povos colonizados, isso é

58 Renaud Camus na fala intitulada "Je ne vous ferai pas de discours" ["Eu não lhes farei um discurso", em tradução livre], em 2 de setembro de 2017, em Rungis, durante o décimo aniversário de Risposte Laïque. A fala foi retransmitida pela TV Patriotes, em vídeo atualmente privado no YouTube.

uma brincadeira de mau gosto. Mas, já que alguns vivem isso dessa forma, será que podemos imaginar que seu objetivo é ver boiar, sobre as águas cristalinas da identidade preservada, o cadáver dos pretensos colonialistas de hoje? De todo modo, qualquer um que deseje o fim da ocidentalidade e de tudo o que ela cria espera de fato ver os restos do colonialismo se decomporem. O mais rápido possível. Essa é a condição para que nasçam relações diferentes entre os humanos. É a condição para que, neste mundo em que regiões inteiras logo se tornarão inabitáveis, seja não apenas possível mas natural acolher, compartilhar e se misturar. Esse não é exatamente o desejo de Renaud Camus.

Se a Afropea é uma oportunidade para a Europa, ela também o é para a África Subsaariana, que terá nela uma aliada sincera e comprometida. Proibindo a si mesma de se submeter às decisões dos poderosos, ela se compromete com a ação política, de modo a fazer ouvir sua sensibilidade e a ter o maior peso possível dentro dos grupos a que se alia. Não se trata de criar um partido afropeu, já que isso seria ao mesmo tempo ridículo e contraproducente. A ausência de uma perspectiva afropeia nas instâncias onde se definem as diretrizes políticas gera os resultados que já conhecemos. A presença afropeia nesses círculos não pode se limitar à dos corpos, aos rostos de pele parda que se sobressaem nas fotos de família e servem como símbolo de abertura aos mais desfavorecidos. A perspectiva afropeia de que falamos se traduz em um discurso e em um pensamento postos em prática, para que o fim da ocidentalidade se concretize. Na França, uma Afropea politizada faria com que fossem cumpridas as promessas republicanas que valem tanto dentro como fora, já que os princípios não têm uma geometria variável. É pouco provável que os laços entre a Europa e a África sejam rompidos um dia. É importante estabelecer novas bases, aniquilar as tendências dominadoras de uma Europa que já não sabe agir de outro modo, deixar o caminho livre para as exigências de soberania dos povos subsaarianos. Pois essas reivindicações se mostram urgentes na África francófona, onde a decolonização permanece inacabada. Apesar de uma africanidade corrompida desde a origem, e apesar das dúvidas, do sentimento de às vezes viver sob os escombros de possibilidades que foram pulverizadas antes mesmo de tomarem forma, há por todo o espaço subsaariano uma juventude militante que reivindica seus direitos.

Essa juventude que não se deixa manipular é a voz de uma África que logo derrubará as grades de sua prisão. É por isso que diversas organizações ocidentais[59] se aglomeram em torno dela: financiar para controlar, garantir que a contestação seja alimentada para amansá-la e incutir nela o medo dos períodos de escassez. O método é conhecido e já foi comprovado. A Afropea desfruta de uma posição privilegiada para permitir a decolonização das duas entidades de que participa. É na Europa que ela deverá desempenhar seu papel, já que pertence a esse espaço, pois a capacidade de incomodar está comprovada desse lado. Não haverá uma refundação efetiva da africanidade sem uma erradicação do espírito de dominação ocidental, a menos que a África opte pelo recuo, pelo fechamento, ainda que temporário. Não podemos desejar isso. Os afropeus também seriam penalizados, visto que nem todos os países subsaarianos aceitam a dupla nacionalidade.

Os sonhos de um grande retorno da diáspora ao continente continuarão a ser o que são, ou seja, doces delírios. A maioria dos afrodescendentes permanecerá em seu espaço de referência, até quando quiserem estreitar os laços com a África. Mesmo considerando a África a mãe de todos, não se retorna ao seio materno depois de ter saído dele. Pouco importa a maneira como isso aconteceu, é assim que funciona. Sair, aqui, é ter nascido em outro lugar, ter crescido em outro lugar, ter sido formado por ele. É, digamos, ter sido moldado por esse outro lugar. Isso não apaga o caráter afrodescendente, ao contrário, o define. E, se somente a África devesse ser alçada ao status de mãe, o que seria feito das outras terras? Aquelas onde gerações

---

59 Não me refiro a ações humanitárias, mas a estruturas que se constituíram para favorecer, ou mesmo guiar, as transformações societais. Só se pode recorrer a isso aderindo aos valores que elas promovem. Não importa se esses valores são positivos ou não. Assim que deixarmos de agir no sentido desejado, os subsídios desaparecerão. Esses apoios condicionados são uma forma de controle.

afrodescendentes nasceram, aquelas que semearam com seu trabalho, aquelas que as alimentaram, que deixaram suas marcas culturais e que igualmente as impregnaram, as que abrigaram seus amores, aquelas onde lutaram pela igualdade, aquelas onde repousam os mortos que são também ancestrais? Muito frequentemente, a África é o país sonhado por quem se recusa a viver em seu país real. Ela é o reino daqueles que admitiram sua ilegitimidade para segurar o cetro na Europa ou nas Américas, sonhando com uma Wakanda cujo poder deveria cair do céu enquanto se esperava, de braços cruzados, pelo derramamento de sua glória.

PAN-AFROPEA

É cada vez mais frequente que a diáspora — em acepção ampla — seja evocada como a sexta região do continente africano. No plano simbólico, afetivo e espiritual, isso teria muito sentido. No campo da política, o significado dessa proposta não é real, e não será por um bom tempo. A soberania dos Estados subsaarianos ainda precisa ser alcançada. A capacidade que eles têm de colaborar entre si é muito falha. É difícil ver como tal situação, a de uma África que precisa se reinventar, poderia permitir a integração de uma diáspora dispersa entre a Europa, as Américas e a Ásia. Pois, se é preciso falar em descendentes subsaarianos ao redor do mundo, temos de lembrar que muitas populações estão envolvidas nisso. Não há nenhuma razão para privilegiar aquelas provenientes da história transatlântica. Além disso, o apelo à diáspora não reflete uma consciência clara das feridas a serem curadas, dos atos políticos a se realizar para permitir que aqueles que desejam viver concretamente sua relação com a África possam fazê-lo. Por enquanto, o que se espera é sobretudo receber investimentos e se beneficiar das competências. Ora, em sua grande maioria, os afrodescendentes não estão entre os mais bem-sucedidos nas sociedades às quais pertencem.

Isso significa que o convite não se dirige a todo mundo. Se desejássemos ser um pouco sérios, no caso das populações oriundas da história transoceânica, o pré-requisito seria que essa história fosse devidamente reconhecida. Que se tivessem erguido, nas respectivas costas, monumentos em memória dos desaparecidos na travessia, edifícios que testemunhassem a dor dos que sobreviveram, sua vontade de incluir, nas comunidades subsaarianas, todos os que deveriam fazer parte dela. Foram como subsaarianas que essas pessoas perderam a vida. Não foi nem em crioulo, nem em *ebonics*[60] que expressaram seus últimos pensamentos, que pronunciaram suas últimas orações. Quando se revoltaram a bordo dos navios de deportação, não foi para chegar sãos e salvos do outro lado do oceano, mas para voltar para casa, independentemente de suas condições de vida. Quando

60 Vernáculo afro-americano.

transgrediram as leis morais e espirituais de seus povos, dando fim aos seus dias, foi ainda na esperança de renascer em sua terra originária. Se hoje se fala de turismo genealógico em muitos países subsaarianos, o ensino dessa história deixa a desejar.

Aqueles que praticam o culto aos ancestrais, aqueles que consideram que os mortos não estão mortos, como destaca o célebre verso de Birago Diop (1960), seriam capazes de fazer justiça aos vivos quando têm dificuldade em honrar milhões de falecidos? O conhecimento dos numerosos grupos de afrodescendentes ao redor do mundo ainda é inexistente no continente. O que se sabe, na África, sobre os Garifuna ou sobre os Gullah, por exemplo? No entanto, eles fazem parte dessa diáspora em sentido amplo, se a África continuar sendo vista como uma matriz única. A ignorância confirma o pouco interesse dos subsaarianos e o uso abusivo da palavra "diáspora". A cor não define a identidade, a origem não precisa ser o destino. Aqueles que relegaram ao silêncio os milhões de deportados não estão dispostos a fraternizar com seus descendentes. O desprezo pela ascendência servil ainda é comum no continente, entre subsaarianos e em relação aos afrodescendentes. Isso pode se expressar de forma brutal, pois nada foi feito para mudar as mentalidades. Os vivos são tratados como os mortos, desde que estejam ligados à história das deportações transoceânicas.

De modo bastante geral, na África Subsaariana, os falecidos são vistos como sendo, eles também, vivos. Eles simplesmente evoluem num outro plano vibratório, a partir do qual interagem com o nosso. Não há existência válida fora de uma relação poderosa com eles. A concepção subsaariana tem suas particularidades. No entanto, nenhum povo negligencia a memória de seus mortos. Enquanto se implementa o turismo genealógico em homenagem a afro-americanos abastados, o Atlântico devora a memória, a erosão costeira aos poucos faz desaparecer os lugares onde a história ocorreu. Daqui a algumas décadas, não haverá mais nada a visitar, pois nada está sendo feito diante dessa nova tragédia. Que tenhamos cuidado, portanto, para não colocar a carroça na frente dos bois. Há muito a se fazer no próprio continente antes de se criar um espaço significativo para o que não é visto como uma diáspora.

Será que ainda é necessário precisar o que é a africanidade tal como é fabricada pela ocidentalidade? Ela é a errância interna, um estado de contradição consigo mesmo, em que as proclamações identitárias, o apego aos usos, são apenas um disfarce. A fala é tão estrondosa quanto são mortas as obras. Tratando-se da relação com a história transoceânica, da maneira calamitosa como o assunto é tratado no continente, é preciso considerar o fato de que a África Subsaariana, colonizada pelas potências escravocratas, recebeu delas um discurso essencialmente culpabilizante. Os colonizadores eram os que escreviam a história, os que criavam a versão oficial. Basta acrescentar a isso a humilhação dos vencidos, a vergonha dos colaboradores, para entender o que complicou a homenagem aos falecidos e escondeu o rosto dos resistentes e das pessoas comuns cujas vidas foram destruídas. A parte da história subsaariana que gerou as diásporas americanas, sobretudo, ainda está sem voz ou rosto no continente. Mais do que fantasiar um retorno que não acontecerá nem pode ser seu projeto, o prefixo "afro" de seu nome sendo um marcador diaspórico fixo — ou seja, que remete ao ponto de partida, mas não ao de chegada —, a população afropeia se dedica a constituir e consolidar suas redes em solo europeu. Os membros do grupo Cash Crew postulavam uma proximidade entre os afropeus. Eles tinham consciência de uma condição comum e, sem dúvida, de solidariedades a serem estabelecidas. O momento é propício para isso, ao menos por três razões.

A primeira é que os afropeus são hoje mais numerosos do que eram há algumas décadas. A segunda está ligada à contribuição das novas tecnologias no que diz respeito ao estabelecimento de conexões, de comunicação, de compartilhamento de experiências, de intercâmbio dos recursos. A terceira reside na tomada de consciência política dos afropeus em todos os países da Europa onde estão presentes, com a formulação de exigências compartilhadas. Como os Estados europeus envolvidos são, em sua maioria, membros da União Europeia, as sinergias afropeias, bem planejadas, só poderiam resultar em sucesso.

"Não se preocupe, se organize!", tomemos emprestadas essas palavras de Florynce Kennedy para dirigi-las aos afropeus. As soluções para os problemas que enfrentam demorarão a surgir em escala nacional. Para fugir de uma condição mais do que insatisfatória, é grande a tentação de se voltar para a América negra, que conduz suas lutas e produz suas teorias há muitos anos. Tomam-se emprestadas práticas concebidas para um contexto particular. Adotam-se suas figuras e sua memória para não ter que vasculhar o porão onde a Europa reduziu ao silêncio a história afro. A sedução da África também é muito forte, pois continua sendo o território da linhagem que deve ser frequentado, o lugar da regeneração espiritual que deve ser buscado, já que a Europa se recusa categoricamente a cumprir esse papel.

Ora, a relação com a África pode se revelar problemática sob diversos pontos de vista. Mesmo nos casos de pessoas cuja filiação subsaariana é recente e que mantêm laços sólidos com suas famílias que permaneceram na África, o continente é, na maioria das vezes, apenas um lugar para o qual se dirigir para escapar por algum tempo da opressão racista, da condição minoritária. As pessoas vão até ela como se fossem passar alguns dias no mar ou na montanha. Elas não se estabelecem ali, mas gostam de dizer que, evidentemente, ter ido até lá mudou alguma coisa. Para si mesmo, para quem está lá, e só estará lá. Estufam o peito quando ouvem anunciar que os subsídios enviados do exterior suplantam a ajuda internacional e, portanto, de fato, isso muda alguma coisa. Os subsaarianos só sobreviveriam graças aos recursos enviados pela diáspora. Pois, como é bem sabido, todos esperam que alguém lhes dê de comer. Às vezes, por diversão, para animar minhas redes sociais ou obter respostas verdadeiras, faço algumas enquetes. Uma delas falava do pan-africanismo, sobre o interesse pelo assunto, sobre o compromisso das pessoas com essa iniciativa.

Para a última pergunta, recebi de uma jovem pertencente a um grupo militante bastante dinâmico e altamente decolonial a seguinte resposta: o engajamento pan-africanista consistia, para ela e para seus fervorosos camaradas de luta, no envio de dinheiro para suas famílias que vivem na África. Boquiaberta diante da tela do meu computador, só consegui lamentar em silêncio por esses familiares. Eles não eram mais entes queridos, mas instrumentos de um pan-africanismo artificial. Fica-se sem palavras diante de um certa decolonialidade da França europeia, de tão ocidentais que são sua visão e seus métodos, de tão abissais que são sua condescendência e sua ignorância. Mas, enfim, é importante não ferir as sensibilidades. Por isso, não se buscará também conhecer as razões pelas quais parece que, na França continental, certos ativistas só conseguem se aproveitar do patrimônio militante de outros, e não elaborar um discurso próprio. Como fizeram esses outros, especialmente os primeiros deles, aqueles que não tinham um modelo? Como agiram para se colocar no centro de sua experiência a fim de enunciar uma fala própria? O racismo cordial seria tão poderoso assim? Será que não estamos também marcados por desejos contraditórios demais e por um severo hábito ocidental enquanto afirmamos o oposto? Ninguém é obrigado a entender o que é o pan-africanismo, a se referir a ele, a reivindicá-lo. Incorporar o Sul no Norte não implica uma proibição de escrever a própria história, de estar, por sua vez, em condições de inspirar os outros.

Os comportamentos que questiono não são aqueles adotados pela Afropea tal como a entendo e tento descrevê-la aqui. Essas atitudes são induzidas pela recusa de habitar todos os aspectos do seu ser. O conflito permanente com a parte europeia, essa guerra que recomeça sem cessar e que é sempre perdida, acaba esclerosando os outros pertencimentos. Como não se consegue ser de lá, não se pode ser de nenhum outro lugar. É absolutamente possível recusar a ocidentalidade, combatê-la assim como faz a Afropea. É possível dizer não à supremacia branca, indicando, no mesmo movimento, que foi nessa terra europeia que crescemos e, já que é assim, como isso deve significar algo, adotamos como missão desocidentalizá-la. A legitimidade de tal ambição impõe o seguinte: é preciso pertencer. Sem admitir que se tem uma ligação com uma sociedade, com todos que a compõem, é impossível responsabilizá-la, levá-la a se transformar.

De fato, é possível se recusar a se juntar a colonos. Mas qual o sentido dessas palavras? Existe uma ontologia colonialista? Se for o caso, pode-se afirmar que ela está exclusivamente associada à branquitude? Além de essa recusa não parecer ter abalado a sociedade francesa, será que ela contém alguma proposta para acabar com a ocidentalidade? O racismo corrói a França, isso é um fato. Ele não será derrotado por invectivas, por anátemas pueris. A condição minoritária fragiliza, isso é evidente. Como as soluções parecem fora do alcance, resta apenas uma raiva bastante compreensível, mas muito pouco eficiente. Nessa situação, todos entenderão a necessidade de romper o isolamento, de criar coletivos, de se apoiar, de se ajudar mutuamente. Além do que já foi feito nos respectivos países dos afropeus, a criação de redes pan-afropeias traria um reforço, uma solidez, uma certa envergadura. De modo geral, os afropeus não precisam de visto para viajar para os países de sua região. Eles deveriam aproveitar isso, pois seriam coerentes com a designação de sua etnicidade.

Como ela é europeia, como tem, nessa região do mundo, uma história multissecular, a Afropea vê o pan-afropeanismo como sua primeira e necessária contribuição ao pan-africanismo. Se os países subsaarianos devem criar sinergias entre si, o mesmo acontece com os afropeus. Antes de se exigir que a África faça isso ou aquilo, que acolha uns e outros em nome da causa genética e de seu potencial para se transformar numa grande Wakanda, é preciso se organizar na Europa. É indispensável elaborar uma causa comum diante das discriminações, construir projetos, fazer surgir instituições, estéticas e culturas afropeias. É um grupo, uma federação, em certo sentido, que poderá se dirigir às autoridades subsaarianas. É esse movimento que designo aqui sob o nome de Pan-Afropea, para evocar as profundas e permanentes solidariedades forjadas nas particularidades da afropeanidade. Se a África tem deveres para com os afrodescendentes oriundos de deportações transoceânicas, ousemos relativizar as coisas no que diz respeito àqueles cujos ascendentes deixaram o continente por iniciativa própria. Estes últimos precisam entender que havia outras possibilidades, que outros territórios subsaarianos poderiam ter acolhido aqueles que optaram pela Europa, aqueles que decidiram entregar seus filhos a países europeus. E, mais do que se lamentar por ter nascido nesse espaço, mais do que tentar em vão reescrever a história parental, o que realmente importa é dar-lhe sentido.

Entre os subsaarianos que vieram se estabelecer na França, alguns haviam combatido o colonialismo francês em seu país natal. Pode-se querer ver nisso uma contradição, o sinal de uma terrível alienação, a manifestação de uma comprovada Síndrome de Estocolmo. Mas esse não foi o caso para todo mundo. Os colonizados repudiaram a dominação e sua violência, mas souberam distingui-las da cultura, separar o joio do trigo entre o sistema e as pessoas. Para muitos, a França não tinha apenas o rosto do colonizador mas também o do militante anticolonialista que tinha abraçado sinceramente a luta deles, ou o de alguém que não se envolvia com política e que a vida tinha simplesmente levado até ali. Ao contrário de seus filhos e netos nascidos na França, eles não estavam dominados e cegos pelo ressentimento. Eles tinham se dado a oportunidade de encontrar seres humanos, o que de fato aconteceu, já que não voltaram para a África, esse continente grande o bastante para que a obrigação de deixar seu país não levasse necessariamente à Europa. E, se enfrentaram o racismo, se não tiveram reconhecido seu justo valor, isso não os fez decidir voltar para casa. Foi na Europa que pousaram suas bagagens, que construíram suas vidas, e estavam convencidos de que seria uma oportunidade para seus filhos. Os afrodescendentes nascidos dessa imigração pós-colonial são responsáveis pelas escolhas de seus ascendentes? Quase tanto quanto seus concidadãos que não tiveram a mesma história, com a diferença residindo principalmente nas propostas de realização pessoal oferecidas a uns e outros, de acordo com seu fenótipo nas sociedades ocidentais. No fundo, o problema é o mesmo: não escolhemos nossa história familiar, mas é impossível renegá-la, fingir não ser constituído por ela. Espera-se, então, que os afropeus optem por uma abordagem afropeia, ao mesmo tempo mais pertinente e mais útil.

Enquanto for sinônimo de troca de experiências e compartilhamento de recursos, com o objetivo de resolver as dificuldades que as nações demoram a enfrentar de fato, a Afropea permitirá eliminar as amarguras decorrentes dos bloqueios e alcançar o que para ela é mais precioso. Sabemos que a questão da visibilidade é crucial para muita gente. Mas por quem queremos ser vistos primeiro? Em relação à criação artística em geral, a Pan-Afropea poderia obter os financiamentos necessários. Ainda que agora tolerem a presença de corpos marginalizados na tela, por exemplo, as produções nacionais zelam escrupulosamente pelo controle do discurso, pela supervisão da narrativa. Isso cria a impressão enganosa de inclusão, quando se garante que a fala não será contestadora, que a intimidade não será representada de modo satisfatório, que a complexidade estará ausente da caracterização. E essas produções nunca serão numerosas o suficiente para permitir a expressão da pluralidade afropeia, pois outras minorias também deveriam ser dignamente representadas. Essa situação leva os afropeus a buscarem oportunidades na África, em detrimento dos atores locais. Isso também não é satisfatório, e seria hipócrita fingir que não há nenhum problema. Não só a narrativa afropeia continua ausente, mas o discurso subsaariano não é mais proferido por nativos do continente, por pessoas que ali vivem e trabalham em condições difíceis.

Nunca se dirá isto o suficiente: a cor da pele não define a identidade, não basta ser uma pessoa de pele negra para representar subsaarianos. Essa questão, aliás, é regularmente levantada do outro lado do Atlântico, onde as pessoas se queixam de ver atores subsaarianos ou afropeus interpretando figuras afro-americanas em produções estadunidenses. Entre pessoas de ascendência subsaariana, é fundamental se impor uma ética que respeite a experiência de cada um e garanta que os mais interessados não sejam excluídos da representação de sua própria história. Enquanto se grita contra a apropriação cultural nos casos em que as minorias são silenciadas por representantes do grupo majoritário, os demais preocupam-se bem pouco em não se sabotar mutuamente, o que é incompreensível. Trata-se, portanto, de fazer seus próprios filmes, de encontrar meios para divulgá-los, inclusive fora da Europa. Um trabalho coletivo no âmbito europeu facilitaria a tarefa.

Como já foi dito, não existe na França um corpus literário afropeu. É bem pouco provável que a causa seja um analfabetismo generalizado.

Depois de ouvir meu primeiro editor me dizer que os personagens afropeus não eram universais — ainda que os subsaarianos o fossem —, que eles nem mesmo existiam e que continuar a criá-los destruiria minha carreira como autora internacional, admito minha suspeita de que os profissionais do mercado não dão espaço a esses textos ao recebê-los. Como a ideia que temos das pessoas de ascendência subsaariana é de que elas são de fato estrangeiras, espera-se que o que têm a dizer se relacione com outros espaços. Elas podem ter passado a vida toda na França, mas sua proposta literária sempre será mais bem recebida se contarem sobre as férias passadas num vilarejo saheliano, com uma avó cujo casebre não tem banheiro. Seria ainda melhor se tivessem vivido alguma guerra na infância, chegado a uma França salvadora, e que o tema da história não fosse a chegada à França continental, mas apenas reminiscências do paraíso subsaariano de antes da tormenta.

Os autores subsaarianos são mais reconhecidos na França do que os afrodescendentes, sendo os mais bem representados dessa categoria os haitianos, aqueles que expulsaram os franceses de sua ilha, aqueles cujo país não é um departamento francês, aqueles que não são cidadãos franceses. É ótimo que o talento de todos seja reconhecido, e a França se vangloria dessa abertura. Entretanto, o silêncio imposto à afrodescendência europeia deveria ser questionado. É também porque essa presença afropeia se tornou inaudível, porque não pode se expressar, que ela é considerada como algo que não faz parte da narrativa nacional. A França se reconhece através de sua literatura. Esta é, ao mesmo tempo, seu espelho e seu testamento. O silêncio que precisa ser rompido, portanto, diz respeito a todas as minorias francesas.

Talvez exista, entre os autores afropeus franceses, tanto medo da rejeição, que eles nunca enviem seus manuscritos, certos de que não serão publicados. Talvez não haja nessas obras de ficção nada que mereça nossa atenção, uma vez que a indigência é a primeira característica desses textos. Se fosse assim, seria preciso se perguntar seriamente sobre as causas, saber por que razão a França europeia não gerou sua própria Toni Morrison ou mesmo sua Zadie Smith, penas embebidas na tinta de uma vivência que reflete a do país.

A França tem dificuldade em se aproximar de suas margens, em entender que estas a informam sobre ela mesma, desenham os contornos de seu futuro. A Pan-Afropea deveria contar com algumas editoras de referência, que fariam traduzir os textos produzidos pelos afropeus e os publicariam em seus respectivos países. Se estivessem disponíveis, esses textos interessariam aos leitores de todos os horizontes, na Europa e fora dela. Esperar vencer as resistências ou ser convidado a tomar a palavra já é uma forma de renúncia. A si mesmo. É também quando demonstrarmos nossa capacidade de prescindir do apoio dos atores estabelecidos que suscitaremos o desejo. É injusto, uma vez que os outros não precisam fazer tanto esforço. É injusto, uma vez que os outros recebem uma chuva de subvenções do Estado, tiradas dos bolsos de todos os contribuintes, sem distinção de ascendência. É injusto, mas, se não fosse, não haveria necessidade de lutar. A primeira particularidade da Afropea, como ramificação da afrodescendência global, é existir num espaço que por muito tempo teve a possibilidade de ignorá-la e pouca vontade de ouvi-la enunciar suas especificidades. Para transformar a situação, é importante manter a lucidez, ver de onde se parte, ter a consciência de abraçar um projeto de refundação que incomoda o conforto daqueles cujos direitos foram proclamados.

A ocidentalidade não se deixará abater sem se defender, pois ela desvia dos golpes antes mesmo de tê-los recebido. A transformação que se deve operar só tem chance de ser bem-sucedida se adotarmos as estratégias adequadas. O essencial é não perder de vista o objetivo, que é a criação de sociedades mais inclusivas, pós-ocidentais. Seja na França ou no contexto pan-afropeu, é importante não se deixar impressionar pelas acusações de comunitarismo. Alguns — sempre os mesmos — levantarão a voz para lembrar que não estamos nos Estados Unidos, depois de ter mostrado aos afropeus apenas o exemplo dos negros estadunidenses. As minorias francesas não precisam se referir ao modelo afro-americano. Elas têm diante de si o exemplo de Aveyron, que não choca ninguém. Esse modelo franco-francês já mostrou seu valor. Os afropeus partem de longe e são mais desamparados, sem patrimônio fundiário ou de qualquer outra natureza transmitido de geração em geração, numa perfeita endogamia. A solidariedade e o apelo a uma ou a várias comunidades de que temos a sorte de fazer parte são algumas vantagens. Na França igualmente, esse país de regionalismos profundos onde, apesar do jacobinismo, a fixação num território continua sendo determinante. É nesses territórios que está a famosa linhagem francesa da qual tanto nos falam. É lá que os políticos vão para adquirir legitimidade. Os primeiros-ministros afirmam que suas entranhas têm o sabor de água salgada para explicar que, apesar de seus altos cargos, ainda é indispensável ter um mandato local.

Para os afropeus, o território é o solo no qual crescemos. É também a vivência particular da afrodescendência na Europa. É importante assumir isso, aprender a responder com tranquilidade, pois as ações propostas aqui não devem levar ao separatismo, mas à fraternidade. Ao destravar suas perspectivas, a Afropea se desenvolve melhor em seu território e aumenta o valor de suas contribuições. Quando vivemos de amargura e de frustração, o que temos a oferecer vem carregado da mesma coloração. É isso que precisamos remediar sem esperar pela boa vontade daqueles que se agarram aos seus privilégios. No contexto pan-afropeu, a acusação de comunitarismo não teria sentido. Se por acaso precisasse ser formulada, as falhas das nações que têm em seu interior uma população afrodescendente seriam facilmente evidenciadas. Ao longo da Década Internacional das Pessoas de Ascendência Africana,[61] esses países, todos membros da ONU, não propuseram nada de significativo. Portanto, não se pode reprovar os afropeus por cuidarem de seus próprios assuntos.

Não me compete elaborar um plano de guerra pan-afropeu para acabar com a ocidentalidade e seus corolários. Só posso sugerir algumas pistas para reflexão. A Afropea tomará as próprias decisões. Contudo, é importante que ela se lembre de seu status: o de ser a mais nova das

61 A Organização das Nações Unidas decretou a década de 2015 a 2024 como a Década Internacional das Pessoas de Ascendência Africana, solicitando que programas diversos fossem criados pelos Estados-Membros. Disponível em: www.un.org/fr/observances/decade-people-african-descent. Acesso em: 5 maio 2025.

expressões afrodescendentes, pois a formulação dessa etnicidade é recente; o de ser o elo até então inexistente entre afrodescendentes e subsaarianos. Sua cultura europeia a aproxima da América do Norte, da qual a Europa foi a matriz. Suas proximidades com a África a aproximam dos afrodescendentes do Sul global. Portanto, ela tem um papel único a desempenhar. A Afropea é uma força de mediação entre a África e a Europa, e foi assim que ela se manifestou inicialmente. Alguns dos países europeus dos quais ela é cidadã lhe conferem um alcance mais amplo, na medida em que ela encarna tanto a experiência dos descendentes de colonizados quanto a dos descendentes de subsaarianos deportados. É o caso da França e da Grã-Bretanha, por exemplo, pois ambos foram potências escravocratas e colonialistas.

Nesses cenários, a Afropea é ainda mais rica, pois o campo de suas possibilidades é relevante. Quando se engaja em projetos pan-afropeus, é com a capacidade de compreender todos os pontos de vista, o que aumenta sua legitimidade. Ela oferece à Europa uma voz, uma postura e também novas perspectivas. Ela garante que as preocupações e necessidades do Sul sejam levadas em conta no Norte. Originária de dois mundos ainda encarcerados nas sombras de sua história comum, a Afropea só pode viver e agir se encarnar o Ubuntu, esse pensamento subsaariano que diz: "Eu sou porque nós somos". Todos nós, humanos cuja existência só tem valor pela relação. Todos nós, humanos que devemos ter consciência da vulnerabilidade que está no centro de nossa condição. Nossas ilusões de poder, nossa rejeição ao outro, nossas fidelidades ao ressentimento só falam disso. Elas mostram o quanto somos frágeis, propensos, por essa razão, a transferir essa fragilidade aos nossos semelhantes. Durante uma entrevista, Toni Morrison (1993, tradução nossa) diz: "Se você só consegue ser grande porque o outro está de joelhos, então você tem um sério problema". É algo em que pensar. Todo o problema da dominação reside nisso, nessa necessidade neurótica de esmagar o outro para se sentir superior a ele. Essa é a única motivação do racismo.

Ora, num planeta degradado pela propagação da ocidentalidade, o choque contrário será, e já é, a obrigação de se aproximar, de fraternizar. Se a decisão não for tomada de forma consciente, as coisas acontecerão de maneira menos pacífica. Não haverá fraternidade, mas ainda assim estaremos uns contra os outros, de forma concreta e íntima, até a consumação dos séculos. Apoiando-se na história e na experiência das populações de ascendência subsaariana, porque ela é depositária dessa parte do silêncio imposto a tantos povos, a Afropea reabilita todas as falas contrariadas, até mesmo negadas. Não se trata simplesmente de mencionar a existência dela, mas de ouvir essas pessoas, de levar em conta a mensagem que transmitem. A exemplo das curandeiras de todos os continentes, que se reuniram para compartilhar seus saberes e se dirigir ao mundo, nomeando-se como As trezes avós indígenas (Schaefer, 2012), a Afropea aspira a libertar a humanidade de certos males. Se não existe uma essência, nem uma natureza humana dada como tal e imutável, se nossos comportamentos resultam mais do que habita nossas memórias do que um caráter fixo, não há nada que não possamos realizar juntos. Com a condição de querer que isso aconteça, com a condição de ter entendido que somos a mesma humanidade, que nenhum destino que espera por nós é diferente daquele que espera pelos outros. Ao testemunhar sua hibridade, vocábulo que uso aqui por não ter inventado outro que fale da fusão de termos que se querem contrários, a Afropea revela todas as que chegam, essas etnicidades do multipertencimento, essas outras identidades fronteiriças que confirmam que a alteridade sempre estará presente, que sempre teremos que caminhar uns em direção aos outros. Conhecer para se reconhecer.

POR ORA, UMA UTOPIA

A Afropea ainda é uma utopia. Ela é muito fecunda, mas tem que enfrentar adversários poderosos. Alguns dos leitores destas páginas arregalaram os olhos diante da ousadia de defender o fim da ocidentalidade. Vivendo num ambiente resistente a reconhecer sua presença, os afropeus estão propensos a adotar estratégias defensivas. Sobretudo na França, onde o racismo prospera mais que nunca, onde as violências policiais funcionam como reguladoras, para lembrar quem pode usufruir tranquilamente do espaço público, o primeiro movimento dos afropeus do período atual não é invadir as formações políticas e outras instituições para ali trabalhar pelo fim da ocidentalidade. Trata-se, primeiro, de encontrar um meio de levar uma vida minimamente normal, de se realizar, se possível. Trata-se, também, porque algumas feridas da história ainda estão abertas, de obter uma reparação. Em relação às deportações transoceânicas e à escravidão colonial, a França as declarou "Crime contra a humanidade", sem designar, nem mesmo simbolicamente, uma figura que representasse o criminoso; sem pronunciar qualquer sanção. O Estado francês não revelou nem sequer a sombra de um programa a ser realizado no âmbito da Década das Pessoas de Ascendência Africana.

Todavia, parece que a França é um país-membro da ONU, que faz parte da chamada Comunidade Internacional, e que conta, entre seus cidadãos, com um grande número de pessoas de ascendência africana. As associações que defenderam uma série de ações e atividades ao longo desse período de dez anos, que chegará ao fim sem que nada tenha acontecido, bateram em algumas portas, e elas não lhes foram abertas. É que, nessa França contaminada pelo racismo, angustiada com a ideia de ser invadida por hordas de subsaarianos e reticente em adotar, diante de seu passado colonial, um espírito de responsabilidade, que ela confunde com uma imposição ao arrependimento, o simples fato de reconhecer a existência de pessoas de ascendência africana já seria uma provocação. Ainda mais se se tratasse de propor um programa de eventos que as colocasse em destaque, uma série de medidas que as incluísse em todo discurso sobre a identidade do país.

Diante dessa situação, muitos afropeus já não usam estratégias defensivas, que se tornaram uma segunda natureza, a arte de se mover entre as lâminas afiadas de uma sociedade hostil. Eles não querem se juntar a colonos; promulgaram a separação, pelo menos no plano mental. Nota-se aqui uma congestão do espírito, até da alma, certos nós que só podem ser desfeitos por aqueles que estão presos neles. Uma mão precisa ser estendida a eles, e isso não aconteceu na França. É necessário imaginar o que é uma condição ao mesmo tempo minoritária e confinada à invisibilidade num país onde nem todos passam por isso. É preciso imaginar o que significa não ter nenhuma representação de si mesmo, exceto de forma caricatural e degradante. É preciso imaginar o que significa a fala de senhores respeitáveis, sentados à mesa de um restaurante parisiense de alta classe, que dizem que essas pessoas não existem, que o que elas têm a dizer não é universal. O que é o racismo sistêmico, senão essa capacidade de excluir sem sequer perceber?

A Afropea impõe um nível de perspectiva que exige que possamos transcender os ressentimentos legítimos a ponto de avançar na direção daqueles que se recusam a ver, a conhecer, a compartilhar. Ir até eles para lhes apresentar um projeto de transformação, de elevação. Não é simples. Não enquanto a história continuar glorificando os algozes. Enquanto o confinamento racial persistir. Esse segundo aspecto é importante, pois existe, em muitos afrodescendentes, um apego à raça que frustra o projeto afropeu. Porque a raça determina o lugar de cada um na sociedade, porque ela se confunde com uma parte da história, porque culturas e modos de vida nasceram de práticas estabelecidas em oposição ao seu poder desumanizante. As culturas classificadas como negras advêm da luta para não sucumbir, da constante negociação com as diversas faces da morte, das vitórias conquistadas contra ela, da reivindicação de si nos lugares e circunstâncias onde só se deveria servir e perecer. Os povos chamados negros são depositários dessa memória, e não se vê claramente para onde seguir se, para chegar lá, for preciso abandonar suas próprias memórias. Teríamos a sensação de trair nossos ancestrais, aqueles cuja existência inteira foi um protesto contra a violência, aqueles que precisamente tentaram expulsar da família humana ao lhes impor uma designação racial. Teríamos a impressão de nos apresentar nus diante desse mundo a construir, do que está por vir, quando já nos sentimos pouco preparados para nos realizar neste mundo que já existe.

Tudo isso é compreensível. Não se trata de virar as costas para um passado que vive dentro de nós, de nos distanciar de nossos ascendentes, de minimizar o sofrimento deles e a beleza que souberam criar, apesar desse sofrimento. É por esse *apesar de* que isso precisa reverberar. Aqueles de quem falamos, nossos predecessores subsaarianos deportados ou colonizados, tinham gravada em seu corpo, acima de tudo, a consciência de sua humanidade. Ser fiel a eles é restituir-lhes isso e celebrá-los. Esse posicionamento não nega os tormentos da história, colocando-os simplesmente num outro lugar, pois nos recusamos aqui a endossar uma identidade vitimista, fazendo da dor seu único capital, a principal força de sua identidade. Pensemos no personagem de Baby Suggs, no romance *Amada*, de Toni Morrison. Imaginemos essa mulher, pobre, vista como negra no tempo da escravidão, que se autoproclama sacerdotisa e carrega consigo sua comunidade, ensinando-lhe o amor-próprio. O que define essa mulher e todas aquelas que se parecem com ela ao longo da história não é a cor de sua pele, nem mesmo sua origem subsaariana, que não é uma preocupação dela. O que a define e fortalece o grupo humano ao qual ela pertence é a potência de seu pensamento, sua autoconsciência, o significado que ela dá à liberdade conquistada, sua capacidade de edificar seu próprio mundo *apesar do* outro, daquele que domina.

No século 21, seria lamentável não oferecer essa visão de si aos oprimidos do mundo, e também aos seus opressores. A Afropea não visa ao abandono do que constitui uma parte fundamental da experiência afrodescendente, mas sim sua inscrição, seu enraizamento na consciência universal. É preciso, agora, desracializar nossas perspectivas. Seria preferível que aqueles do grupo majoritário, os privilegiados do sistema, dessem o primeiro passo. Eles não farão isso de bom grado, pensando ter mais a perder do que a ganhar com a transformação desejada. Gostaríamos então de assumir a dianteira e construir uma fortaleza no silêncio e na escuridão oferecidos pela sociedade, criar a ilusão de um ser que existe apenas para si mesmo e por si mesmo. É possível. E até viável. As margens nem sempre prometem o infortúnio, especialmente quando estão densamente povoadas. Mas qual seria o resultado?

Não tomar a iniciativa a pretexto de que cabe aos outros fazê-lo, porque isso exigiria reconhecer um vínculo indissociável com eles, é a maneira mais segura de garantir o triunfo da ocidentalidade por mais séculos. Ninguém tem interesse nisso. Contudo, aqueles que se beneficiam estão pouco preocupados com o custo ético que isso representa, e vivem muito confortavelmente com a ideia de que depois deles só haverá o dilúvio. É por isso que as minorias, na França e fora dela, estarão na vanguarda das transformações sociais e societais. É por isso que elas encarnam os ideais que outros proclamam apenas para melhor traí-los nos seus menores atos. A Afropea é um elo, no sentido positivo do termo. É o que ela pode representar de mais nobre. Reduzi-la a uma mera expressão da dor afrodescendente seria desvalorizá-la. Enxergá-la apenas como uma identidade negra vivida em solo europeu serviria aos interesses dos nacionalistas culturais, que veem em toda categoria da afrodescendência o representante de uma africanidade exilada. Não haverá retorno a uma África que, além de não esperar ninguém, considera a cor da pele um marcador de pertencimento insuficiente, fundamentalmente inválido. É a partir de si e de seu lugar que cada um está convidado a agir para transformar o mundo. Para isso, é preciso habitar plenamente sua própria casa.

REFERÊNCIAS

ADOTEVI, Stanislas Spero. *Négritude et négrologues*. Paris: Plon, 1970.

AGIER, Michel. Un universalisme en acte. *Libération*, 11 abr. 2016. Disponível em: www.liberation.fr/debats/2016/04/11/un-universalisme-en-acte_1445439/. Acesso em: 15 abr. 2025.

ANDREWS, Kehinde. *Back to Black*: Retelling Black Radicalism for the 21st Century. Londres: Zed Books, 2018.

BART, François. Chine et Afrique, une longue histoire, une nouvelle donne géographique. *Les Cahiers d'Outre-Mer*, n. 253-254, p. 193-208, jan./jun. 2011. Disponível em: https://journals.openedition.org/com/6243. Acesso em: 9 abr. 2025.

BONA, Dénètem Touam. *Fugitif, où cours-tu?* Paris: PUF, 2016.

BRUCKNER, Pascal. *La Tyrannie de la pénitence*: essai sur le masochisme occidental. Paris: Grasset, 2006.

CÉSAIRE, Aimé. *Cahier d'un retour au pays natal*. Paris: Présence Africaine, 1983.

CHERFILS, Mildrade. À Brooklyn, "la petite France" a tout de la grande. *Courrier International*, 21 ago. 2013. Disponível em: www.courrierinternational.com/article/2010/07/22/a-brooklyn-la-petite-france-a-tout-de-la-grande. Acesso em: 9 abr. 2025.

CHERKI, Alice. L'identité, royaume de l'illusion. *Lignes*, v. 3, n. 6, p. 228-232, 2001. Disponível em: https://shs.cairn.info/revue-lignes1-2001-3-page-228?lang=fr. Acesso em: 14 abr. 2025.

CHRISTIANE Taubira le 18 février 1999: "La traite negrière et l'esclavage sont un crime contre l'humanité". *INA*, 10 maio 2022. Disponível em: www.ina.fr/ina-eclaire-actu/christiane-taubira-le-18-fevrier-1999-la-traite-negriere-et-l-esclavage-sont-un-crime-contre-l-humanite. Acesso em: 17 abr. 2025.

COMITÉ NATIONAL POUR LA MÉMOIRE ET L'HISTOIRE DE L'ESCLAVAGE (França). *Proclamation de Louis Delgrès le 10 mai 1802*. Paris: CNMHE, 2009. Disponível em: www.cnmhe.fr/spip.php?article191. Acesso em: 15 abr. 2025.

CONARÉ, Damien. From an Afropean Perspective. *Les Inrockuptibles*, 30 nov. 1995. Disponível em: www.lesinrocks.com/musique/from-an-afropean-perspective-102631-30-11-1995/. Acesso em: 10 abr. 2025.

CORVISIER, André. Les soldats noirs du maréchal de Saxe. Le problème des Antillais et Africain sous les armes en France au XVIIIe siècle. *Rev. Franç. D'Hist. d'Outre-Mer*, n. 201, p. 367-413, 1968. Disponível em: www.persee.fr/doc/outre_0300-9513_1968_num_55_201_1472. Acesso em: 10 abr. 2025.

CUGOANO, Ottobah. *Réflexions sur la traite et l'esclavage des nègres*. Paris: La Découverte, 2009.

DESMAS, Margot. "Auchan dégage": un collectif lutte contre l'implantation de l'enseigne au Sénégal. *France Info*, 18 out. 2018. Disponível em: https://france3-regions.francetvinfo.fr/hauts-de-france/auchan-degage-collectif-lutte-contre-implantation-enseigne-au-senegal-1560722.html. Acesso em: 9 abr. 2025.

DEWITTE, Philippe. Les mouvements nègres en France, 1919-1939: conclusion générale. *Hommes et Migrations*, n. 1.257, p. 8-15. set./out. 2005. Disponível em: www.persee.fr/doc/homig_1142-852x_2005_num_1257_1_4858. Acesso em: 11 abr. 2025.

DIAGNE, Mamoussé. *Critique de la raison orale*: les pratiques discursives en Afrique noire. Paris: Karthala, 2005.

DIBONDO, Douce. Qu'est-ce que la charge raciale qui pèse sur les personnes non-blanches? *Le Club de Mediapart*, 24 jun. 2022. Disponível em: https://blogs.mediapart.fr/douce-dibondo/blog/240122/qu-est-ce-que-la-charge-raciale-qui-pese-sur-les-personnes-non-blanches. Acesso em: 14 abr. 2025.

DIOP, Birago. Souffles. *In*: DIOP, Birago. *Leurres et lueurs*. Paris: Présence Africaine, 1960.

DRAMÉ, Papa; SAUL, Samir. Le projet d'Eurafrique en France (1946-1960): quête de puissance ou atavisme colonial? *Guerres Mondiales et Conflits Contemporains*, v. 216, p. 95-114, 2002.

ELA, Jean-Marc. *Le cri de l'homme africain*. Paris: L'Harmattan, 1980.

ÉPISODE 2/5: 1793, les exhumations de Saint-Denis ou l'encombrant cadavre de la monarchie. [Locução de]: Émmanuel Laurentin. [*S. l.*]: La Fabrique de l'Histoire, 15 dez. 2015. Podcast. Disponível em: www.radiofrance.fr/franceculture/podcasts/la-fabrique-de-l-histoire/1793-les-exhumations-de-saint-denis-ou-l-encombrant-cadavre-de-la-monarchie-9255437. Acesso em: 15 abr. 2025.

EQUIANO, Ouladah. *Ma véridique histoire*: africain, esclave en Amérique, homme libre. Paris: Mercure de France, 2008.

EVANS-PRITCHARD, Edward Evan. L'inversion sexuelle chez les Azandé. *Politique Africaine*, v. 126, n. 2, p. 109-119, jun. 2012.

GAULLE, Charles de. Discours prononcé à Dakar le 26 août 1958. *Fondation Charles de Gaulle*, Paris, 1992. Disponível em: www.charles-de-gaulle.org/wp-content/uploads/2017/03/Discours-prononce-a-Dakar.pdf. Acesso em: 30 abr. 2025.

GERY, Yves; MATHIEU, Alexandra; GRUNER, Christophe. *Les abandonnés de la République*: vie et mort des amérindiens de Guyane française. Paris: Albin Michel, 2014.

HEGEL, Georg Wilhelm Friedrich. *La raison dans l'histoire*: introduction à la philosophie de l'histoire. Paris: 10/18, 1971.

HUMAN RIGHTS WATCH. *This Alien Legacy*: The Origin of "Sodomy" Laws in British Colonialism. Nova York: Human Rights Watch, 17 dez. 2008. Disponível em: www.hrw.org/report/2008/12/17/alien-legacy/origins-sodomy-laws-british-colonialism. Acesso em: 2 maio 2025.

JOSEPH Ki-Zerbo: identité/identités pour l'Afrique. Direção: Dani Kouayté. [*S. l.*]: Centre d'Études et de Développement Africain, 2005. Streaming (52 min).

LA MAURESSE de Moret. [*S. l.*: *s. n.*]: 1969. 1 vídeo (14 min). Publicado pelo portal INA. Disponível em: www.ina.fr/ina-eclaire-actu/video/cpf86600807/la-moresse-de-moret. Acesso em: 10 abr. 2025.

LAGRANGE, Hugues. *Le déni des cultures*. Paris: Le Seuil, 2010.

LATOUCHE, Serge. L´échec de l'occidentalisation. *Tiers-Monde*, n. 100, p. 881-892, 1984. Disponível em: www.persee.fr/doc/tiers_0040-7356_1984_num_25_100_4382. Acesso em: 11 abr. 2025.

LE "COURRIER picard" s'excuse après sa une raciste sur l'"Alerte jaune". *Le Novel Obs*, 27 jan. 2020. Disponível em: www.nouvelobs.com/medias/20200127.OBS23995/le-courrier-picard-s-excuse-apres-sa-une-raciste-sur-l-alerte-jaune.html. Acesso em: 9 abr. 2025.

LE DISCOURS de Dakar de Nicolas Sarkozy. *Le Monde Afrique*, 9 nov. 2007. Disponível em: www.lemonde.fr/afrique/article/2007/11/09/le-discours-de-dakar_976786_3212.html. Acesso em: 15 abr. 2025.

MADELAINE, Nicolas. "Le Monde" veut devenir le premier média panafricain francophone. *Les Echos*, 20 out. 2015. Disponível em: www.lesechos.fr/2015/10/le-monde-veut-devenir-le-premier-media-panafricainfrancophone-255918. Acesso em: 9 abr. 2025.

MALIK, Kenan. *Multiculturalism and Its Discontents*. Chiacago: Seagull Books, 2013.

MARTÍNEZ, Rubén Torres. L'État-nation, le peuple et ses "droits". *Cahiers d'Études Romanes*, n. 35, p. 419-429, 2017. Disponível em: https://journals.openedition.org/etudesromanes/6307. Acesso em: 16 abr. 2025.

MARVEL Knights Animation - Black Panter - Episode 1. [*S. l.*: *s. n.*], 2018. 1 vídeo (19 min). Publicado pelo canal Marvel Entertainment. Disponível em: www.youtube.com/watch?v=ry8e5ldzLDQ. Acesso em: 14 abr. 2025.

MÉDARD, Henri. L'homosexualité au Buganda, une acculturation peut en cacher une autre. *Hypothèses*, v. 3, n. 1, p. 169-174, 2000.

MIANO, Léonora. Noire hémoglobine. *In*: MIANO, Léonora. *Marianne et le garçon noir*. Paris: Pauvert, 2017a.

MIANO, Léonora. De quoi Afrique est-elle le nom? *In*: MBEMBE, Achille; SARR, Felwine (org.). *Écrire l'Afrique-Monde*. Paris: Philippe Rey; Dakar: Jimsaan, 2017b.

MORRISON, Toni. Novelist Toni Morrison looks back on her and family and presentes her newest book, "Jazz". [Entrevista cedida a] Charlie Rose. *Charlie Rose*, 5 jul. 1993. Disponível em: http://charlierose.com/videos/18778. Acesso em: 5 maio 2025.

MURRAY, Stephen O.; ROSCOE, Will (ed.). *Boy-Wives and Female-Husbands*: Studies in African Homosexualities. Albany: State University of New York Press, 1998.

NYERERE, Julius. Discurso do presidente Nyerere, proferido durante o Congresso Pan-Africano de 19 de junho de 1974. *In*: CONGRÈS PANAFRICAIN, 6., 1974, Dar es Salaam. *Anais* [...]. Dar es Salaam: Présence Africaine, 1974. n. 91, p. 173-236.

POIRET, Christian. Les processus d'ethnicisation et de raci(ali)sation dans la France contemporaine: Africains, Ultramarins et "Noirs". *Revue Européenne des Migrations Internationales*, v. 27, n. 1, p. 107-127, 2011. Disponível em: http://journals.openedition.org/remi/5365. Acesso em: 24 abr. 2025.

PRISO, Manga Bekombo. *Penser l'Afrique*: regards d'un ethnologue dwàlà. Nanterre: Société d'Ethnologie, 2009.

QUIJANO, Anibal. "Race" et colonialité du pouvoir. *Mouvements*, n. 51, p. 111-118, set./out. 2007. Disponível em: https://shs.cairn.info/revue-mouvements-2007-3-page-111?lang=fr. Acesso em: 17 abr. 2025.

RENOULT, Yann. L'ethnomathématique, un outil de lutte contre les épistémicides. *Les Cahiers de Pédagogie Radicale*, 24 fev. 2019. Disponível em: https://pedaradicale.hypotheses.org/2375?fbclid=IwAR2bni6VXAS167dvB-mfZuAloYkYAVzmSwmCQ9Ncuz-_YYiVirsta8WuDLg. Acesso em: 30 abr. 2025.

SANTOS, Boaventura de Sousa. Épistémologies du Sud. Tradução: Magali Wateaux. *Études Rurales*: Terrain, Cultures & Environnement, n. 187, p. 21-50, 2011. Disponível em: https://journals.openedition.org/etudesrurales/9351. Acesso em: 22 abr. 2025.

SARR, Felwine. *Afrotopia*. Paris: Philippe Rey, 2016.

SARR, Felwine; SAVOY, Bénédicte. *Restituer le patrimoine africain*. Paris: Philippe Rey, 2018.

SCHAEFER, Carole. *Les treize grands-mères indigènes conseillent le monde*. Paris: Véga, 2012.

SÉNÉCAT, Adrien. La galaxie Suavelos, vitrine d'un racisme décomplexé. *Le Monde*, 11 set. 2019. Disponível em: www.lemonde.fr/les-decodeurs/article/2019/09/11/la-galaxie-suavelos-vitrine-d-un-racisme-decomplexe_5509154_4355770.html. Acesso em: 10 abr. 2025.

SERAFINI, Tonino. Des foyers créés pour surveiller. La Sonacotra est née en 1956, à l'initiative du ministère de l'Intérieur. *Libération*, 11 fev. 2000. Disponível em: www.liberation.fr/evenement/2000/02/11/des-foyers-crees-pour-surveiller-la-sonacotra-est-nee-en-1956-a-l-initiatice-du-ministere-de-l-inter_316023/. Acesso em: 15 abr. 2025.

SERNA, Pierre. Pierre Serna: "L'esclavage était bien un crime contre l'humanité". *Le Monde*, 16 jul. 2017. Disponível em: www.lemonde.fr/idees/article/2017/07/16/l-esclavage-etait-bien-un-crime-contre-l-humanite_5161107_3232.html. Acesso em: 15 abr. 2025.

SOURIS, Simon. Un second "lycée français" ouvrira ses portes à Uccle. *L'Echo*, 14 mar. 2019. Disponível em: www.lecho.be/economie-politique/belgique/

bruxelles/un-second-lycee-francais-ouvrira-ses-portes-a-uccle/10107286.html. Acesso em: 9 abr. 2025.

TCHONANG, Gabriel. Brève histoire de la théologie africaine. *Revue des Sciences Religieuses*, v. 84, n. 2, p. 175-190, 2010. Disponível em: https://journals.openedition.org/rsr/344. Acesso em: 2 maio 2025.

THE LIFE and Legend of Mary Fields. *Montana Women's History*, 8 abr. 2014. Disponível em: https://montanawomenshistory.org/the-life-and-legend-of-mary-fields/. Acesso em: 11 abr. 2025.

TONI Morrison at Portland State, 1975: 'Nobody really thought that black people were inferior.' [full-audio]. *The Sistah Girl Next Door*, 18 fev. 2020. Disponível em: https://shareehereford.com/latest-updates/toni-morrison-at-portland-state-1975-nobody-really-thought-that-black-people-were-inferior-full-audio/. Acesso em: 14 abr. 2025.

TOWA, Marcien. *Léopold Sédar Senghor*: négritude ou servitude. Argis: Éditions CLE, 1971.

WALKER, Clarence. *L'impossible retour*: à propos de l'afrocentrisme. Paris: Karthala, 2004.

ZORN, Jean-François. L'étrange destin de l'abolition de l'esclavage. *Autres Temps*, n. 22, p. 54-63, 1989. Disponível em: www.persee.fr/doc/chris_0753-2776_1989_num_22_1_1304. Acesso em: 9 abr. 2025.

FONTES Warnock Pro e Gazzetta
PAPEL offset 75g/m²
IMPRESSÃO Gráfica Reproset, agosto de 2025
1ª edição